기업회생!
내가 좀
알려줘?

무작정 신청했다가 80% 이상이 실패하는 기업회생

막대한 회생비용으로 결국 포기하고 파산으로 가는 기업들

기업회생!
내가 좀
알려줘?

박경순 지음

정책 프로그램 활용하여
회생비용 절감하는 꿀팁부터

성공적으로 정상기업 되는
패자부활전 치트키 모음!

바른북스

회사는
왜 망할까?

회사 문을 닫을까?
아님 다시 한번 해봐?

PART 3

회생할 것인가, 파산할 것인가, 그것이 문제로다

기업회생, 어디서 도움을 받을 수 있을까?

PART 4

PART 5

기업회생 신청하기

PART 6

회생계획안
작성 및 제출

PART 7
회생계획안 인가 후

PART 8
일찍 졸업해 정상기업 되기: 조기종결

PART 9

채무조정 하기

PART 10

회사 정리하기

PART 1

회사는
왜 망할까?

알바생은 두 손으로 일하고, 직원은 두 손과 머리로 일하지만, 경영자는 두 손과 머리와 뜨거운 가슴으로 일한다.

그러하기에 경영하는 회사의 부실은 경영자에게는 너무나 가슴 아픈 일이며, 객관적으로 바라보기 힘들어진다.

"모든 잘나가는 회사는 서로 닮아 있고, 망하는 회사는 제각각 나름으로 부실하다"

"모든 행복한 가정은 서로 닮아 있고 불행한 가정은 제각각 나름으로 불행하다"는 러시아 대문호 톨스토이의 역작 《안나 카레리나》의 첫 문장에 빗대어 회사가 망한다는 것을 표현해 볼 수 있지 않을까 싶다. 물론 잘나가는 회사도 제각각이라 항변할 수 있겠지만.

가.

부실한 회사란?

은행입장에서는 이자 상환 일에 이자를 안 갚거나(통상 3개월 이상
연체된 것을 말하며, '고정이하 대출'로 분류), 대출 만기일에 만기 연장이 안
된 상태로 상환이 안 되는 경우 등 기한의 이익[1]을 상실(EOD: Event of
Default)한 경우 '한계기업[2]'으로 본다.

---

1 영어로는 Grace Period. 즉, 대출 이자를 잘 갚고 있고 만기가 아직 남아 있어 대출을 갚아
야 된다는 압박이 없는 행복한(?) 기간을 뜻하는 금융회사 전문용어.
  기한의 이익 상실사유는 2~3번 연속으로 이자를 못 내거나, 다른 은행 대출을 연체하거나,
  담보물에 대해 국민연금관리공단이나 국세청, 지방자치단체 등에서 압류가 들어왔다든가
  하는 다양한 이유를 가지고 있다.
  기한의 이익을 상실할 경우 등기사항전부증명서(등기부등본)상의 '근저당권'이 '저당권'으로 성
  격이 변질되며 은행 등 담보권자는 즉시 법원에 임의경매를 신청할 수 있어 주의해야 한다.
  소비자 입장에서 문제점은, 이러한 상실사유가 정작 대출서류(약정서)에는 한 자도 들어 있
  지 않고 은행 홈페이지에서 겨우 발견할 수 있는 은행 여신거래약관에 나와 있다는 점이다.
  따라서 일반 소비자는 은행의 **'기한의 이익 상실 예정통보'**라는 빨간 제목이 달린 문서를 받
  기 전에는 이러한 사유가 발생했다는 것조차 인지 못 하는 경우도 있다.
2 금융회사 등 외부의 도움 없이는 더 이상 생존이 힘들 것으로 보이는 회사. 일명 '좀비기업'

기업회생! 내가 좀 알려줘?

재무적으로는 그해 번 돈으로 은행이자를 갚을 수 있는지를 보는 이자보상비율(배율)이 3년 연속 100% 미만으로 영업의 지속이 불가능해 보이거나, 1년 내로 갚아야 하는 돈으로 공장 등 부동산에 투자했는지를 보는 비유동 장기 적합률이 100% 미만으로 지속 가능성이 낮은 경우를 말하는 경우도 있다.

법률적으로는 재정적 어려움으로 인하여 파탄에 직면해 있는 채무자를 의미한다.

결국, 남들이 보기에 빚을 못 갚는 지경에 이른 것을 회사가 망한다고 할 수 있다. 빚에는 대표적으로 은행 대출도 있지만, 국가나 시에 세금을 못 낸다든지(조세채권), 직원들 월급을 못 준다든지(임금채권), 거래처 납품대금을 안 준다든지(상거래채권) 다양한 업무관련 채무 미변제가 원인이 될 수 있어 결국 뭐가 되었든 줄 돈 못주면 망하는 것이다.

'자본시장과 금융 투자업에 관한 법률'에서는 '재무구조개선기업'이라는 명칭을 사용하고 있으며, '기업구조조정 촉진법'에서는 '부실징후기업'이라는 명칭을 쓰고 있다.

나.

공식적인
부실회사 판단기준

부실기업의 건전화와 기업 구조조정을 위해 우리나라 정부는 2001년부터 「상시적 기업 구조조정제도」를 도입해 운영하고 있다.

일명 '기업 상시 퇴출제도'로서 기업부실에 대한 예방적 감시체제 구축을 통해 기업부실의 확대를 조기에 차단하고, 부실 발생 시 신속·효과적으로 처리함으로써 금융회사의 건전성을 제고하고 시장기능에 의한 상시적 기업구조조정의 활성화를 도모함이 그 목적이다.

2000년까지는 금융당국에서 일시에 대규모로 퇴출기업을 발표했으나, 상시퇴출제도 도입에 따라 각 은행의 자체 관리시스템 및 판단에 따라 퇴출여부를 수시로 결정하게 된다.

기업회생! 내가 좀 알려줘?

은행연합회는 매년 대기업과 중소기업으로 나눠 한 차례씩 정기적으로 하는 기업신용위험 평가와는 별도로, 은행권 전체 신용공여액의 합계가 500억 원 미만인 기업 중에서 은행당 여신이 10억~100억 원 이상인 업체를 대상으로 정기평가 및 수시평가를 하며, 동 평가결과를 바탕으로 매년 하반기에 구조조정 대상을 정한다.

한편, 은행권 전체 신용공여액 합계가 500억 원 이상인 기업은 부실징후기업으로 인정된다.

기업신용위험 상시평가시스템의 심사대상은 은행당 여신이 10억~100억 원 이상인 업체 중

→ 최근 3년간 연속해 이자보상배율[3] 1.0배 미만

→ 자산건전성 분류기준(FLC)[4]에 의한 신용등급이 '요주의' 이하

---

3 한 해 동안 기업이 벌어들인 돈(영업이익)이 그해에 갚아야 할 이자(이자비용)에 비해 얼마나 많은지를 나타내는 지표로, 영업이익을 이자비용으로 나누어 구한다.
따라서 이자보상배율이 1보다 작다는 건 한 해 동안 벌어들인 돈으로 이자조차 갚지 못한다는 의미이다. 보통 이자보상배율이 1.5 이상이면 빚 갚을 능력이 충분한 것으로, 1 미만이면 잠재적 부실기업으로 본다.
3년 연속 이자보상배율이 1 미만인 기업을 좀비기업(한계기업)으로 간주한다.

4 資産健全性 分類基準(FLC: Forward Looking Criteria) 금융기관의 대출에 대하여 채무자의 과거 실적 외에 상환능력과 위험을 감안하여 등급을 부여하는 체제.
금융감독원에서는 자산건전성 분류단계를 결정하는 기준으로서 채무상환능력기준, 연체기간, 부도여부 등을 제시하고 있으며, 최종적인 자산건전성 단계는 3가지 기준 중 가장 낮은 단계를 적용하도록 하고 있다.
건전성 분류단계는 ① 정상(채무상환 능력이 양호하여 채권 회수에 문제가 없음), ② 요주의(채권 회

→ 각 은행이 내규 따라 관리하는 부실징후기업

→ 기타 급격한 신용도악화, 제2금융권 여신비중과다, 연체 장기화 우려

등으로 신속한 신용위험 평가가 필요한 기업체들이다.

채권은행들은 이같은 기준에 해당하는 거래기업들을 선정, '신용위험평가협의회'[5]에서 상·하반기 각 1회씩 연 2회 신용위험 평가를 실시하게 된다. 그러나, 급격한 신용도 악화 등으로 신용재평가가 필요한 경우에는 수시평가도 가능하다.

신용평가 결과 A-정상, B-일시적 유동성위기 C-구조적 유동성 문제 있으나 회생가능 D-정리대상기업 등 네 등급으로 분류한다. 신용등급 심사결과에 채권은행별로 이견이 생길 경우, 상설기

수에 즉각적인 위험이 발생하지는 않았으나 향후 채무상환능력의 저하를 초래할 수 있는 잠재적 요인이 존재), ③ 고정(향후 채무상환능력의 저하를 초래할 수 있는 요인이 현재화되어 채권 회수에 상당한 위험이 발생), ④ 회수의문(채무상환능력이 현저히 악화되어 채권회수에 심각한 위험이 발생), ⑤ 추정손실(채무상환능력의 심각한 악화로 회수불능이 확실하여 손실처리가 불가피) 등 5단계이다.
금융감독원은 자산건전성 분류결과에 따라 은행의 대출채권에 대해 정상의 0.5% 이상, 요주의의 2% 이상, 고정의 20% 이상, 회수의문의 50% 이상, 추정손실의 100%를 대손충당금으로 적립하도록 하였으며, 확정지급보증에 대해서는 정상과 요주의를 제외한 고정, 회수의문, 추정선실에 대해서만 대출채권과 동일한 최저적립비율을 적용하여 지급보증 충당금을 적립하도록 하고 있다.

5 국책·시중·지방은행 등 22개 은행 및 신용보증기금, 기술보증기금으로 구성됨.

기업회생! 내가 좀 알려줘?

구로 설치된 '채권은행 상설협의회'에서 조정된다.

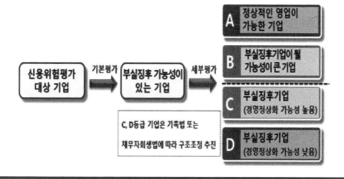
C등급의 경우 은행의 판단에 따라 워크아웃제도를 실행하기도 하고, D등급의 경우 은행 간 협의를 거쳐 매각, 청산, 법정관리(기업회생), 기업구조조정 전문회사(CRV)이관 등으로 세분해 정리 또는 갱생의 절차에 들어간다.

2022년 10월 현재 금융감독원 홈페이지에 게재된 2021년 정기 신용위험평가 결과에 따르면, 신용위험 평가대상 기업 3,373개(대기업[6] 639개, 중소기업 2,734개) 중 대기업 3개사, 중소기업 157개사 등 총 160개사를 구조조정 대상으로 분류했다.

부실징후기업 추이 (단위: 개)			'17년	'18년	'19년	'20년	'21년	'22년	증감
세부평가대상	합계		2,906	2,952	3,307	3,508	3,373	3,588	+215
	대기업		631	631	599	659	639	733	+94
	중소기업		2,275	2,321	2,708	2,849	2,734	2,855	+121
부실징후기업	합계		199	190	210	157	160	185	+25
		C등급	74	53	59	66	79	84	+5
		D등급	125	137	151	91	81	101	+20
	대기업		25	10	9	4	3	2	△1
		C등급	13	5	3	2	3	2	△1
		D등급	12	5	6	2	–	–	–
	중소기업		174	180	201	153	157	183	+26
		C등급	61	48	56	64	76	82	+6
		D등급	113	132	145	89	81	101	+20

6   금융권 신용공여 500억 원 이상인 기업

기업회생! 내가 좀 알려줘?

코로나 이후('20~'21년) 부실징후기업 수(평균 158개)가 이전 3년 ('17~'19년) 평균(200개)에 비해 21% 감소했다. 이는 D등급 업체 수가 138개('17~'19년 평균)에서 86개('20~'21년 평균)로 37.7% 감소한 데 주로 기인한다.

구분	'17~'19년(A)	'20~'21년(B)	증감(B-A)
부실징후기업 수(평균)	200개	158개	△420%)
C등급 기업 수(평균)	62개	72개	+10
D등급 기업 수(평균)	138개	86개	△527.7%)

최근 부실징후기업 수의 감소는 만기연장 · 상환유예 등 유동성 지원 조치, 기업 실적개선 등이 원인으로 보이며, 만기연장 · 상환유예 조치 등으로 기업 자금사정이 개선되면서 연체율은 최저 수준이며, 회생신청도 지속적으로 감소하고 있다.

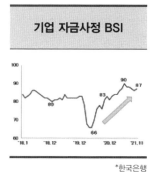

기업 자금사정 BSI

*한국은행

기업대출 연체율(%)

*금융감독원

회생신청 기업 수
(1~10월 중)

*법원통계월보

부실징후 기업을 업종별로 보면 금속 가공업이 21개사로 가장 많고, 기계장비(17개사), 자동차 부품(16개사) 순이며, 이들 업종 모두 전년 대비 소폭 증가했다.

주요 업종별 부실징후기업(단위: 개, %, %p)

업종 구분	'19년	비중	'20년 (A)	비중	'21년 (B)	비중	증감 (B-A)	비중 증감
금속 가공	17	8.1	17	10.8	21	13.1	+4	+2.3
기계 장비	35	16.7	12	7.6	17	10.6	+5	+3.0
자동차 부품	17	8.1	12	7.6	16	10.0	+4	+2.4
철강	8	3.8	11	7.0	11	6.9	–	△0.1
기타 운송장비	3	1.4	5	3.2	11	6.9	+6	+3.7
고무 · 플라스틱	10	4.8	12	7.6	10	6.3	△2	△1.3
기타	120	57.1	88	56.1	74	46.2	△14	△9.9
합계	210	100	157	100	160	100	+3	–

기업회생! 내가 좀 알려줘?

다.

회사는 어떻게 해서
부실하게 되나?

미국의 저명한 대학교수로서 부실기업관련 많은 책을 쓴 뉴튼[7]은 기업이 부실화되는 과정을 다음과 같이 4단계로 설명하고 있다.

먼저 1단계는 잠복기로서 기업의 외부인은 물론 내부의 경영자 조차도 쉽게 인식할 수 없는 기업부실단계로 부실요인들이 은밀히 진행되는 단계이다.

잠복기 주요 부실요인으로는 제품수요의 변화, 제조간접비의 계속적인 증가, 진부한 생산방법 및 기술, 경쟁업체의 증가, 경영자의 무능력, 수익성이 불량한 계열회사의 인수, 운전자본의 부족을 초

---

7   Grant W. Newton, 미국 캘리포니아 Pepperdine 대학교수. 《Bankruptcy and Insolvency》, 《Tax Planning for the Troubled Business》, 《Economics & Business Finance》, 《Corporate Bankruptcy》등 다양한 기업 파산관련 교재를 저술했다.

래하는 과도한 사업 및 시설의 확장, 신용분석 부문과 채권회수 부문의 무능력, 적절한 자금조달원(금융회사)의 부족 등을 들 수 있다.

이를 감지하기 위해서는 항상 재무제표의 분석을 통해 민감도를 높이는 것이 가장 쉬운 방법이다. 기업이 부실화되어 가는 구조적 원인 중의 하나인 고정자산 비중이 높은 편인지를 확인하는 것이 대표적인 예인데, 손쉬운 방법이 '**비유동 장기적합율**'을 체크하는 것이다. 재무상태표(대차대조표)상의 공장 등 장기 투자한 비유동자산을 자기자본과 비유동부채(1년 이상 장기 대출)의 합으로 나누어 계산하며 100% 미만을 유지하도록 노력하는 것이 포인트이다.

$$비유동장기적합율 = \frac{비유동자산(장기투자 - 공장\ 등)}{자기자본 + 비유동부채(1년이상)} \times 100$$

이 비율이 100%를 초과한다는 말은 결국 1년 미만으로 급하게 빌린 **유동부채**로 공장 등 오래 가지고 있으면서 해마다 조금씩 감가상각해야 할 **비유동자산**에 투자했다는 의미로서 어느 순간에 갑자기 빚 갚을 돈이 없는 상황이 간헐적으로 발생하는 **유동성 위험**을 초래할 수 있다.

또 한 가지 지표로 유동비율이 있는데 이는 1년 내로 현금화가 가능한 유동자산이 1년 내로 만기가 돌아오는 유동부채보다 얼마나 많은가를 측정하는 지표로서, 200%는 되어야 안심할 수 있다.

$$\text{비유동자산} = \frac{\text{유동자산}}{\text{유동부채}} \times 100$$

2단계는 현금부족기로서 전체 부채에 비해 자산이 많고 영업이익도 어느 정도 만족할 만한 수준이나, 현금부족 현상을 겪는 단계이다. 경영성과나 재무 상태는 아직까지는 정상이라 할 수 있으나, 필요한 자금이 매출채권이나 재고자산에 묶여 유동성이 부족한 단계이다.

이 단계에서는 매월 말 자금부족을 겪음으로서 뭔가 잘못 돌아가고 있다는 것을 경영자가 명시적으로 알 수 있는 단계이다. 주요 원인으로는 매출채권 및 재고자산의 누적적 증가로 인한 유동성 악화를 들 수 있다.

이쯤 되면, 부채비율과 이자보상배율을 확인할 필요가 있다.

부채비율은 남에게서 빌려온 타인자본(부채)을 자기자본으로 나눈 것으로, 남의 돈에 대한 의존도를 평가하는 지표이다. 통상 100%를 안전기준으로 보나 업종에 따라 더 높은 기준이 허용되기도 한다.

또한 이자보상배율은 영업이익을 대출이자 비용으로 나눈 값이다. 이는 기업이 장사해서 최소한 이자는 낼 수 있는지를 측정하는 것으로 1 미만일 경우 심각한 상태라 할 수 있다. 금융권에서는 이자보상배율이 3년 연속 1 미만일 경우 좀비기업(한계기업)으로 보고 사실상 독자 생존능력이 없는 것으로 판단한다.

$$\text{부채비율} = \frac{\text{총 부채}}{\text{자기자본}} \times 100$$

$$\text{이자보장배율} = \frac{\text{영업이익}}{\text{이자비용}}$$

또한 분기별 매출채권 회전율과 재고자산 회전율을 분석하여 회전율이 둔화되는 추세화 원인을 찾아 치료해야 한다. 매출채권 회전율은 일정기간 총매출액을 일정기간 평균 매출채권으로 나누어 계산하며, 재고자산 회전율도 유사하게 일정기간 총매출액을 일정기간 평균 재고자산으로 나누어 계산한다.

각 회전율은 업종에 따라 다르므로 전년도나 전전년도와 비교하거나 동종업종 타 회사와 비교하는 것이 좋다.

$$매출채권회전율 = \frac{총\ 매출액}{연평균\ 매출채권} \times 100$$

$$재고자산\ 회전율 = \frac{총\ 매출액}{연평균\ 재고자산} \times 100$$

3단계는 재무적 지급불능 단계로 더 이상 정상적인 방법으로는 부채상환 자금을 마련할 수 없는 단계이다. 대규모 자산매각이나 금융회사 특별융자 등의 방법을 통해 자금조달을 하여야 하며, 이것이 실패하면 총체적 지급불능단계로 넘어가게 된다.

이 단계에서 기업회생을 통한 재기방안을 검토할 필요가 있다.

마지막 4단계는 총체적 지급불능 단계로 기업부실이 대내외적으로 공인되고, 자금조달도 사실상 불가능해진 도산 직전의 단계이다. 이 상태에서는 기업회생이나 파산을 고려할 수밖에 없으며,

이 단계에 이르기 전에 회생을 통한 구조조정을 적극 검토해야 할 것이다. 객관적으로 말해 4단계에서 기업회생을 검토하는 것은 상당히 늦은 감이 있다.

기업회생! 내가 좀 알려줘?

라.

부실한 기업의 유형

기업을 운영하는 과정에는 수많은 외부 내부 변수가 작용하지만 전문가들은 통상 부실의 유형을 4가지로 나누고 있다.

먼저 자본 부족형 부실기업으로, 절대적인 자기자본이 부족하고 만성적인 자금난 상태인 기업 유형이다.

이런 기업은 설립 시부터 납입자본이 부족하여 운영자금은 물론 공장 등 시설자금도 과도하게 타인자본(차입금)에 의존함으로써 시중 유동성 부족, 일시적인 불경기로 인한 수요부족, 외부요인으로 인한 수출부진 등 사소한 경영환경 변화에 적절히 대응하지 못하고 부실화되는 유형이다. 스타트업 등 경영자의 아이디어로 사업을 시작하는 기업들 중에 많은 사례를 찾아볼 수 있다.

　두 번째로는 확장파멸형 부실기업 유형이 있다.

　원청업체의 시설투자 요구 등 소위 케파를 확장할 만한 시점으로 판단하여 무리하게 시설투자를 하거나 다른 기업의 인수·합병을 추진하는 등 외형확장에 무리수를 두다가 부실화되는 유형이다. 건실한 매출증가에 따른 확장이 아니고 목을 부풀리는 개구리처럼 먼저 외형을 과도하게 부풀리다 파국을 맞는 경우이다.

　대표적으로 2012년 엔젤리너스, 이디야 등과 3대 커피 프랜차이즈를 형성하다 중국에 진출해 크게 실패한 카페베네를 들 수 있다.

　카페베네는 2008년 4월 김선권 대표가 서울시 강동구 천호동에 첫 직영매장을 연 뒤 5년 만에 매장 수를 1,000개까지 늘렸다. 당시 한 다리 건너서 카페베네가 있다고 해서 '바퀴베네(바퀴벌레 + 카페베네)'라는 별칭으로 불리울 정도로 급속히 몸집을 불렸다. 추가적으로 블랙스미스라는 레스토랑, 디셈버24라는 드럭스토어, 마인츠돔이라는 제과점 등 사업다각화에도 노력했고 2012년에는 해외로 발을 뻗어 중국, 미국, 사우디, 일본, 필리핀 등 12개국에 진출해 500개 이상의 매장을 개설하며 매출 2,108억 원(영업이익 66억 원)을 올리는 등 승승장구하는 듯했다.

창업자 김선권 대표는 카페베네의 성공신화를 담은《꿈에 진실하라 간절하라》라는 책을 내고 각종 잡지와 TV 방송에 나와 성공한 청년사업가로서 청소년들에게 꿈과 희망을 주는 멘토를 자처하기도 했다.

이 시기에 카페베네는 중국 중치투자그룹과 50:50 공동출자로 중국에 진출, 2014년 매장 수를 600여 개까지 늘렸다. 전성기 때는 매월 가맹비로만 중국에서 160억 원을 벌어들였다. 하지만, 중국 내 가맹점 모집 시, 50%는 카페베네 한국에서 출자하고, 나머지 50%의 가맹점주 대출마저 카페베네가 지급보증을 서는 무리한 확장전략이 계기가 되어 결국 2015년 9월경 중국 내 상표권과 식음료 제조 노하우를 비롯 모든 사업권을 중치투자 그룹에 빼앗기고 철수해 지금은 중국에 전혀 발을 들이지 못하고 있다.

중국에서의 실패가 결정타가 되어 2015년 말 김선권 대표의 카페베네 지분은 61.02%에서 7%로 대폭 줄어든다. 대신 주주였던 K3 partners가 전환상환 우선주(RCPS)를 전량 보통주로 전환하면서 회사의 최대주주로 올라섰다. 2016년 3월 카페베네는 브랜드 인테리어를 변경하는 등 과거의 영광을 유지하려 바둥거렸으나 추락하는 중력을 이겨내지 못하고 2016년 당기순손실 336억 원으로 창립 9년 만에 자본잠식이 되었다.

결국 2018년 1월 서울회생법원의 문을 두드리기에 이른다. 2018년 5월 카페베네는 회생계획안에 대해 회생담보권자 99%, 회생채권자 83.4%의 동의를 받아 기업회생절차를 개시하게 된다. 회생계획안에 따라 회생담보권은 100% 현금 변제하고, 회생채권의 30% 출자전환 및 70% 10년 분할상환하게 되었다. 이때 청산가치 161억 원에 비해 2배가 넘는 415억 원의 계속기업 가치를 인정받아 인가를 받게 된 것이다.

카페베네는 19.10.11 9개월 만에 서울회생법원으로부터 조기종결 결정을 받아 정상기업으로 돌아왔다.

하지만, 매일 자고 나면 35개의 카페가 창업을 해 2022년 현재 9만여 개(22.6월 기준 90,463개 국세청)의 커피 음료점이 경쟁 중인 한국 커

기업회생! 내가 좀 알려줘?

피시장에서 21년 말 기준 350개 매장에서 매출 186억 원에 12억 원의 영업 손실을 기록하며 여전히 자본잠식 상태에서 벗어나지 못하고 있다.

세 번째로는 방만 경영형 부실기업 유형이 있다.

경영자의 무능력 및 경험부족에 기인한 무사 안일한 경영으로 부실화되는 유형이다. 보통 선대가 세운 기업의 관계회사로 본사와 대리점 사이의 물류 중간에서 통행세 형식의 마진으로 쉽게 부를 쌓거나, 관계 계열사의 특정 사업을 독점하여 부당이득을 향유하는 등 불공정한 경쟁으로 쉽게 사업을 영위하다가 부실화되는 형태로 대표적으로 한진해운 등을 들 수 있다. 주요 부실 징후로는 판매부진, 부실채권의 과다보유, 불량재고자산의 과다보유, 출혈판매, 무분별한 사채를 통한 자금조달, 각종 경비의 과다지출 등을 들 수 있다.

한진해운은 해운업계에서 한국 1위, 세계 7위의 메이저급 해운사로 40여 년의 영욕의 세월을 버텨왔다. 1977년 조중훈 한진그룹 창업주가 국내 최초의 컨테이너 전용선사로 설립했다. 이듬해인 1978년 중동항로를 개척한 데 이어 1979년 북미서안 항로,

1983년 북미동안항로 등을 연달아 개설했다.

1988년 대한상선(대한선주)을 합병해 국내 '1호 선사'가 된 한진해운은 이후 미국, 유럽의 주요 항만에 전용 터미널을 구축하고 거양해운(1955년), 독일 2위 선사 DSR(1997년)을 각각 인수하는 등 공격적으로 규모를 키웠다.

한진해운은 수출로 먹고사는 한국의 '등짐꾼'같은 존재였다. 컨테이너선 100척과 벌크선 44척 등 144척 규모의 선대와 대만 · 일본 · 미국 등 해외 8곳에 전용 터미널을 운영했다. 국내 수출입 컨테이너 76%가 모이는 부산항에서 전체 물량의 9.3%(181만 TEU)를 담당하며 5,663개 기업의 물류를 담당했다. 정기노선 고객을 빠르게 확보해간 한진해운은 세계 7위 해운사로 우뚝 섰다.

사세를 확장해 가던 2006년 조수호 회장이 폐암으로 사망하면서, 전업 가정주부이었던 부인 최은영 씨가 회장을 이어받았다. 또한, 최 회장을 보좌한 임원진들도 금융전문가 또는 항공계 인사 등 해운업과 거리가 먼 인사가 많았다.

2008년부터 해운경기가 악화되면서 2011년부터 2014년까지 4년 연속 당기순손실을 기록하며 손실규모를 불려갔다. 최 회장 재임기간 7년 동안 보유 선박을 대량 매각하고 고가의 장기용선계약을 체결하여 해운경기에 역행함으로써 부채비율은 150% 수준에서 무려 1,445%로 높아졌다. 결국 2014년 최 회장은 기업경영권을 조양호 회장에 넘겼다.

최 회장은 재임기간 회사가 적자 속에 허덕이는 가운데 급여와 배당금으로 253억을 수령했으며, 퇴직 시 급여와 퇴직금 명목으로 현금 97억과 시가 2,000억 원에 달하는 한진해운 사옥 주와 유수 홀딩스 등 자산을 챙겼다. 심지어 한진해운이 자율협약을 신청하는 정보를 활용 신청 이틀 전 주식 97만 주(30억 원 상당)를 매각해 주가하락 손실 10억 원을 피했다. 이후 최은영 회장은 자본시장과 금융 투자업에 관한 법률 위반혐의로 기소되어 2017.12.8 법정구속 되었다.

2016년 4월 한진해운은 누적된 실적악화에 버티지 못하고 결국 조양호 회장은 경영을 포기하고 채권단 자율협약을 신청했다. 한진해운이 제출한 자구안을 산업은행이 거절하면서 2016년 8월 31일 기업회생을 신청하였으며, 이듬해인 2017년 2월 17일 회생절차 폐지와 함께 파산선고가 되었다.

한진해운의 파산원인은

- 해운 비전문가로 구성된 핵심경영진과 비상식적이고 부적절한 방만 경영
- 회사 경영진의 비도덕적 사익추구로 인한 채권단의 신뢰도 저하
- 선가가 비쌀 때 선박건조 대량주문과, 운임이 최고조일 때 기준으로 장기 용선계약 체결
- 한발 늦은 구조조정과 항만 운영권 등 알짜 자산의 헐값매각

네 번째로는 연쇄 도산형 부실기업 유형이 있다.

자기능력을 초과하여 부실기업을 인수하거나 관련 기업의 도산에 따른 채무보증 이행 및 관련기업 채권의 회수불능으로 인한 자금압박으로 도산하는 유형이다.

대표적으로 1967년 대우실업이라는 조그만 무역회사로 출발해 M&A를 통해 세계경영을 외치며 국내기업 순위 2위까지 올랐다가 IMF 금융위기 때 공중 분해된 대우그룹을 예로 들 수 있다.

대우그룹은 1998년 말 기준으로 총 자산규모 77조 원, 총매출액 62조 원의 우리나라 재계 2위의 대기업이었다. 그러나 외부차입에 의한 무리한 사업 확장으로 대우그룹 전체가 부실화되어 결국 국제 신용평기가관인 S&P는 1999년 4월 13일 ㈜대우의 신용등급을 B에서 B-로 하향 조정하였다. 이에 따라 ㈜대우는 수출대금의 회수가 지연되고 신규자금 조달에 곤란을 겪게 되면서 그룹 전체의 유동성 위기를 맞게 되었다.

대우그룹은 1999년 7월 19일 CP 등 단기여신 기일도래분에 대해 6개월간 기한을 연장하고 회사채는 차환발행 하도록 하는 한편, 김우중 회장의 퇴진과 10조 원 상당의 사재를 담보로 4조 원의 신규자금을 지원받는 등 구조조정 방안을 마련하였다. 이를 채권금융회사들이 수용함으로써 대우그룹의 구조조정을 추진할 수 있는 계기가 마련되었다.

그러나, 이러한 조치에도 불구하고 대우 계열사들의 경영여건은 더욱 악화되어 자체적인 구조조정 노력만으로는 경영정상화가 어려웠다. 이에 따라 채권금융회사들은 1999년 8월 26일 대우계열 12개사[8]에 워크아웃 방침을 결정하였다.

이로써 ㈜대우 등 12개 기업의 62조 6,000억 원의 채권에 대한 기업개선작업(워크아웃)이 진행되었다.

하지만, 국내 채권자들 간에 체결된 대우그룹에 대한 기업개선 작업약정은 해외 채권기관에 대하여는 어떠한 구속력도 없었기 때문에 해외 채권자들이 일시에 차입금 상환을 요구하거나 만기연장을 거부할 경우 금융시장의 불안을 야기하고 대우그룹 구조조정에 차질이 생길 우려가 있었다. 그동안 정부와 구조조정 추진협의회는 대우채권 만기연장과 국내 채권기관들과의 책임 분담에 관련

8　㈜대우, 대우중공업, 대우자동차, 대우전자, 대우통신, 쌍용자동차, 대우캐피탈, 파츠닉, 오리온전기, 경남기업, 다이너스클럽 코리아, 대우자동차 판매 등 12개사이며, 이후 워크아웃을 거쳐 ㈜대우는 파산법인 ㈜대우 외 대우인터내셔널(이후 POSCO로 매각)과 대우건설로 분리되었고, 대우중공업은 파산법인인 대우중공업 외 대우조선해양과 대우종합기계(이후 두산으로 매각)로 분리되었다.
대우자동차는 상용차 부분은 인도 타타그룹으로, 나머지는 우량자산만 GM으로 매각되었으며, 대우전자는 대우일렉트로닉스로 재탄생하였다.

협상을 해외 채권기관들과 진행하였으나, 해외 채권기관들은 정부와 대우그룹에 지급보증과 추가담보를 요구하는 등 강력한 반대의사를 표명하였다.

이에 따라 구조조정추진협의회는 해외 채권기관들과 협상하여 긴급히 설립된 구조조정 전문 SPC인 남산구조조정1호 및 남산구조조정2호(일본채권 인수전문)를 통해 약 39%의 매입률로 대우계열사 5개 기업 및 51개 해외 현지법인 채권을 현금매입(CBO: Cash Buy-Out) 하였다.

PART 2

회사 문을 닫을까?
아님 다시 한번 해봐?

가.

회사를 살리는 방법

　IMF 금융위기 이전 우리나라 금융회사들은 채무기업의 부실이 발생하면 신규자금 지원을 중단함으로써 부도를 내거나, 근본적인 대책 없이 계속적으로 자금을 지원해 부도를 막아주는 단순한 방식을 지속해 왔다.

　그러나, 전자의 방법을 취하는 경우 대상기업에 대한 채권 전체가 부실화되고, 후자의 경우 부실채권의 규모만 확대시키는 경우가 대부분이었다. 이러한 방법으로는 금융회사의 부실채권 규모를 줄일 수 없을뿐더러 채무기업의 부실화도 방지할 수 없었다. 따라서 금융회사들은 채무기업의 채무상환 조건을 완화해 주고 경영정상화를 지원함으로써 채권회수를 최대화하는 방안을 강구하기 시

작하였다.[9]

1997년 경제위기를 전후하여 우리나라에서는 기업들의 연쇄 부도사태가 발생하고 부실기업이 크게 늘어났다. 그러나 우리나라에는 법원의 회사정리, 화의 또는 파산절차 등 제한적인 법적 구조조정 시스템 외에는 미국의 벌처펀드와 같은 사적 구조조정 시장이 형성되어 있지 않았다. 이에 따라 정부와 채권금융회사들은 기업의 대량 파산을 방지하고 국내산업의 안정을 유지하기 위하여 관련 제도와 시스템을 보완하고 상시 구조조정 시스템의 인프라를 구축하기 위하여 노력을 기울였다.

정부와 채권금융회사는 부실기업 중 회생 가능성이 없는 기업들을 파산 또는 청산절차를 밟아 해산시켰다. 반면 회생 가능성이 있는 기업에 대하여 일부는 부도유예조치를 취하거나 기업개선약정을 통한 경영정상화 작업을 진행하였으며, 일부 기업은 법원의 회사정리절차 또는 화의절차에 따라 회생할 수 있게 하였다.

구조조정 과정에서 부실기업들과 채권금융회사들은 회사정리법, 화의법, 파산법 등 법적구조조정제도를 적극적으로 활용하였

---

9   부실채권정리기금 백서

으며, 기업개선작업과 같은 사적구조조정시스템도 도입하였다. 부실 기업의 회생과 기업개선을 위한 다양한 기업구조조정제도의 도입은 기업과 금융회사의 체질을 개선하고 고용을 유지하여 실업발생을 최소화함으로써 한국경제의 충격을 최소화하는 데 도움을 주기 위한 것이었다.

어려움에 빠진 기업에 대한 구조조정의 종류는 크게 2가지의 형태로 구분할 수 있다.

먼저 관계 법령에 근거하여 추진하는 구조조정방법으로, 기업구조조정 촉진법에 근거한 워크아웃과 채무자 회생법에 근거한 기업회생절차가 있다.

두 번째로는 사적인 협약에 근거하는 구조조정방법으로 채권은행 협약, 대주단 협약, 중소기업 유동성 지원을 위한 신속 금융지원 프로그램이 있다.

		법정도산제도	
구분	기업회생절차	기업파산절차	워크아웃
근거	채무자 회생 및 파산에 관한 법률(제2편)	채무자 회생 및 파산에 관한 법률(제3편)	기업구조조정촉진법 (한시법으로 23.10.15까지 유효)
목적	모든 채무의 조정을 통한 채무자 회생 (공익채권 제외)	채무자 재산의 평등분배	금융부채 조정을 통한 기업구조조정
대상채권	제한 없음	제한 없음	금융채권 (상거래 채권 제외)
조정 대상채권	회생담보권, 회생채권: 담보권자는 담보권 행사불가	무담보채권 (파산채권)만 배당 받음/ 담보권자는 별제권자로서 담보권 실행 가능	금융채권 (상거래 채권, 소집통보 제외 대상금융채권은 권리실행 가능) 즉, 주로 은행채권
신청권자	채무자, 10% 이상의 주주, 납입자본금 10% 이상의 채권자	채무자, 채권자	채무자 (주채권은행의 부실징후 통보 시)
경영권	관리인 (원칙적으로 채무기업 현 경영인)	파산관재인 (법원선임)	대표이사 (현 경영인)
채권 신고여부	관리인이 채권자목록 작성 (목록에 없거나 부정확하면 채권신고 필요)	무담보채권자 채권신고 필요 (별제권자도 예정매각금액 초과분 신고 가능)	금융채권자
의결정족수	담보채권자의 3/4, 무담보채권자의 2/3		채권자협의회 소집통보 받은 금융채권자의 채권액 3/4

나.
기업개선작업
(C등급 기업 대상)

　1997년 이후 부실기업들은 회사정리법 또는 화의법에 의한 회생절차를 밟았지만 이 제도들은 절차가 복잡하고 시일이 오래 걸리는 단점이 있었다. 이에 대응하여 정부와 채권금융회사들은 기업의 대량파산을 방지하고 국내산업의 안정을 유지하기 위하여 부실기업에 대한 적절한 정리방안을 강구하였다.

　부실기업을 단순한 시장논리에 의해 퇴출시키지 않고 가능한 회생시키려고 노력하는 것은 채권자의 채권회수 증대는 물론 산업의 안정과 고용의 유지 등 국가적 손실을 최소화할 수 있는 방법이기 때문이었다.

IMF 구제금융 이후 우리나라 경제는 외환부문의 수급개선에
도 불구하고 취약한 재무구조 및 고금리와 고환율, 내수부진 등으
로 채산성이 악화되면서 실물경제의 침체가 나타났다(코로나19 이후
2020~ 현재도 비슷한 상황이다).

IMF의 권고에 따라 1997년 12월 부도유예협약[10]이 폐지된 후,
금융회사들은 채무기업의 구조조정을 효율적으로 추진하기 위하
여 1998년 6월 25일 '기업구조조정 촉진을 위한 금융기관 협약(이
하: 기업구조조정협약)'을 체결하였다.

---

10   1997년 1월과 3월 한보그룹과 삼미그룹의 부도가 잇달아 발생하고, 부실기업에 대한 제2
금융권의 채권회수가 가속화되면서 기업부문에 연쇄부도가 발생하는 등 악순환이 시작되
었다.
이에 따라 정부는 기업채무의 일시적 유예를 통하여 연쇄부도를 방지하고, 금융시장의
안정을 도모하기 우하여 금융회사들로 하여금 협약을 체결하여 기업들의 채무를 일정기
간 유예하도록 하였다. 부도유예 협약으로 통칭되는 이 협약은 은행여신(지급보증 포함)이
2,500억 원 이상인 일정한 요건을 갖춘 대기업이 부도를 내더라도 당좌거래를 정지시키지
않도록 하여 기업의 채무를 일시적으로 유예시키는 것이었다. 이는 '부도유예를 이한 금융
기관협약'에 근거하여 채권금융회사 간의 자율협약으로 채권의 만기연장, 이자율 조정, 운
전자금 지원, 자산매각 및 인원 구조조정을 수행하는 것이었다.
그러나, 이 제도는 협약대상 금융회사를 국내은행과 종금사로 한정하였기 때문에 협약에
서 제외된 금융회사의 채권회수를 방지할 수 없었다. 당시 대규모 부도 기업들의 경우 여
러 계열사들이 상호 지급보증 및 출자로 복잡하게 연관되어 있었기 때문에 각 기업이 추진
하는 재무구조조정이 실효성을 갖기 위해서는 다양한 금융회사들과 유기적 협조와 조정이
필요하였다. 결국 제도 운용과정에서 금융시장의 불안정과 한계기업의 도산을 가속화시켰
고, 투명하지 못한 제도라는 이유로 IMF의 권고에 따라 1997년 12월 폐지하였다. 이 협
약의 적용을 받은 진로, 대농, 기아그룹 등은 대부분 정상화에 성공하지 못하고 회사정리
절차 또는 화의절차를 밟게 되었다.

기업개선작업(워크아웃)은 이 협약에 따라 경제적 회생가능성은 있으나 재무적 곤경에 처한 기업이 법적 절차를 취하기 전 금융회사와 기업 간의 협상과 조정을 통하여 채무조건의 완화를 시도할 수 있도록 하는 사적인 화의절차의 일종이다.

기업구조조정협약의 주요 내용은

첫째, 재무 상태는 악화되었으나 회생 가능성이 있는 기업에 대하여 채권금융회사들은 협의회를 구성하고 채무기업과 협의 하여 기업개선계획을 수립하고 기업개선작업에 관한 약정(MOU)을 체결한다.

둘째, 기업개선작업 대상으로 선정된 기업에 대하여 채권금융회사는 기업개선약정을 체결하기까지 일정한 채무이행 청구를 유예한다.

셋째, 기업개선작업의 효율적 수행과 채권금융회사 간의 이견조정을 위하여 기업구조조정위원회를 둔다. 위원회의 조정 내용이나 채권금융회사 간의 합의사항을 위반하는 기관에 대하여는 위약금을 부과한다.

2001년 8월 정부는 기업구조조정 협약의 단점을 보완하고 법적인 강제력을 부여하기 위하여 기업구조조정촉진법을 제정하였다 (한시법으로 계속 연장하여 현재는 23.10.15.까지 유효).

워크아웃에 의한 구조조정이 지연된 주요 원인이 채권단 간의 이해관계를 효과적으로 조율할 수 있는 법적 근거가 없었기 때문이라는 인식에 바탕을 둔 것이었다.

기업구조조정촉진법의 적용대상 금융회사에는 은행, 보험, 투신, 증권 등 전 금융회사(당시 420개)와 한국자산관리공사, 예금보험공사, 한국수출보험공사(현 한국무역보험공사), 신용보증기금 등은 물론 자산유동화에 관한 법률에 따른 자산유동화 전문 회사까지 모든 금융회사(외국계 금융회사 제외) 및 정부 유관기관이 포함되었다. 적용대상 기업은 신용 공여액 합계가 500억 원 이상인 기업이다.

워크아웃의 추진원칙은

1) 손실 최소화의 원칙(적격대상 선정의 원칙)

2) 손실 분담의 원칙(형평성의 원칙)

3) 공평성의 원칙

4) 신속성의 원칙(비용 최소화의 원칙)이다.

기업회생! 내가 좀 알려줘?

기본적으로 회생가능성은 있지만 재무적으로 어려움에 처한 기업이 대상이 된다. 법원에 의해 강제적 회생 및 정리절차에 들어가기 전에 채권자와 채무자 간 협상 및 조정을 통해 채무조건의 완화라는 사적화의를 시도하는 것이다. 즉, 워크아웃의 성공 여부는 채무자가 제시한 기업개선계획(Workout Plan)을 채권금융회사들이 얼마나 신뢰하는지에 달려 있다.

다.
채권단 자율협약
(A, B등급 기업 대상)

기업이 현재는 흑자를 내고 있지만, 일시적 유동성 위기로 흑자 도산 위기에 빠진 경우 대상이 된다. 채권단과 기업이 제도적 영향 없이 자율적으로 협약을 맺고 경영정상화를 추진하는 제도이다.

자율적 협약인 만큼 제도적 절차가 없어 신속한 지원이 가능하고, 사전적으로 이루어지는 구조조정이라 기업에 미치는 영향이 작다.

그러나, 자율적 협약인 만큼 채권단 전원의 동의가 필요하며, 자율협약에 포함하는 채무의 범위에 대한 기준이 모호하다.

라.

기업회생절차
(D등급 기업 대상)

채무기업이 일시적인 재정적 궁핍으로 파탄에 직면하였으나 경제적으로 회생 가능성이 있는 경우 채권자들은 그 기업이 회생할 수 있도록 지원함으로써 채권을 보다 효율적으로 회수할 수 있다.

2006년 이전 당시 회사정리법[11], 화의법[12]은 이와 같이 채권자들

---

11 도산에 직면한 주식회사의 정리에 관한 사항을 규정하기 위해 제정한 법률(1962.12.12. 법률 제1214호). 재정적 궁핍으로 파탄에 직면하였으나, 경제적으로 갱생의 가치가 있는 주식회사에 관하여 채권자, 주주 기타의 이해관계인의 이해를 조정하며, 그 사업의 정리재건을 도모함을 목적으로 한다(두산백과).

12 파산을 예방하기 위한 강제화의에 관한 사항을 규정하기 위해 제정한 법률(1962.1.20. 법률 제997호). 기업이 파산위험에 직면할 때 법원의 중재감독 하에 채권자들과 채무변제협정(화의조건)을 체결, 어떻게 빚을 갚겠다는 계획을 세워 파산을 면하는 제도이다. 기업이 파산을 면하기 위해 채권금융기관과 협상해 채무변제계획을 새로 세우게 되는 이 제도는 법정관리와 달리 경영권이 그대로 인정된다.

이 법원의 결정에 따라 대상기업의 채무상환을 유예하고 원리금의 지급조건을 완화해 주는 절차를 규정하고 있다.

　이 회사정리법과 화의법은 모두 1962년에 제정되었으나 그다지 활용되지 못하고 있다가 1997년 외환위기 이후 전면 개정되면서 본격적으로 활용되기 시작하였다. 이후 2006년 회사정리법, 화의법, 파산법 및 개인채무자 회생법을 모두 폐지하고 통합 법률인 '채무자 회생 및 파산에 관한 법률'을 마련하여 기업회생절차를 시행하고 있다.

　법원의 회생절차는 재정적 어려움으로 파탄에 직면해 있는 채무자에 대하여 채권자, 주주, 지분권자 등 여러 이해관계인의 법률관계를 조정하여 채무자 또는 그 사업의 효율적인 회생을 도모하는 제도[13]이다. 이는 사업의 재건과 영업의 계속을 통한 채무변제가 주된 목적으로서, 채무자 재산의 처분 및 환가와 채권자들에 대한

13　**회생법의 목적 관련 채무자 회생법 조항**
　제1조(목적)
　이 법은 재정적 어려움으로 인하여 파탄에 직면해 있는 채무자에 대하여 채권자·주주·지분권자 등 이해관계인의 법률관계를 조정하여 채무자 또는 그 사업의 효율적인 회생을 도모하거나, 회생이 어려운 채무자의 재산을 공정하게 환가·배당하는 것을 목적으로 한다.
　제2조(외국인 및 외국법인의 지위)
　외국인 또는 외국법인은 이 법의 적용에 있어서 대한민국 국민 또는 대한민국 법인과 동일한 지위를 가진다.

공평한 배당이 주된 목적인 파산과 구별된다.

회생이라는 지난한 절차는 재정적 파탄에 처한 채무자에 대하여 회생계획이라는 집단적 채무조정을 통해 부활의 기회를 부여하는 절차이다.

이러한 집단적인 채무조정은 본질적으로는 채권자와 주주 등 수많은 이해관계인의 희생과 양보를 전제로 한다. 따라서 회생계획을 작성하기 전에 회생채권자와 회생담보권자를 확정하는 절차가 투명하고 공정하게 이루어져야 한다. 이해관계인들의 희생과 동의를 얻어내기 위해서는 그 전제로서 경제적인 측면에서 회생계획이 채권자 일반의 이익을 해치지 않아야 한다(법 제39조의 2 제1항).

채무자는
① 사업의 계속에 현저한 지장을 초래하지 아니하고는 변제기에 있는 채무를 변제할 수 없는 경우, 또는
② 채무자에게 파산의 원인인 사실이 생길 염려가 있는 경우에는 회생절차 개시의 신청을 할 수 있다.

②의 사실이 있는 경우에는 채무자 이외에도 일정액 이상의 채

권을 가지는 채권자 또는 일정한 비율 이상의 주식 또는 출자지분

을 가지는 주주·지분권자도 신청할 수 있다(법 제34조 제1항, 제2항).

회생관련 법률

회생절차개시의 신청 관련 채무자 회생법 조항

제34조(회생절차개시의 신청)

① 다음 각 호이 어느 하나에 해당하는 경우 채무자는 법원에 회생절차개시의 신청을 할 수 있다.

1. 사업의 계속에 현저한 지장을 초래하지 아니하고는 변제기에 있는 채무를 변제할 수 없는 경우
2. 채무자에게 파산의 원인인 사실이 생길 염려가 있는 경우

② 제1항 제2호의 경우에는 다음 각 호의 구분에 따라 당해 각 호의 각목에서 정하는 자도 회생절차개시를 신청할 수 있다.

1. 채무자가 주식회사 또는 유한회사인 때
   가. 자본의 10분의 1 이상에 해당하는 채권을 가진 채권자
   나. 자본의 10분의 1 이상에 해당하는 주식 또는 출자지분을 가진 주주 · 지분권자

2. 채무자가 주식회사 또는 유한회사가 아닌 때
   가. 5천만 원 이상의 금액에 해당하는 채권을 가진 채권자
   나. 합명회사 · 합자회사 그 밖의 법인 또는 이에 준하는 자에 대하여는 출자총액의 10분의 1 이상의 출자지분을 가진 지분권자

③ 법원은 제2항의 규정에 의하여 채권자 · 주주 · 지분권자가 회생절차개시 신청을 한 때에는 채무자에게 경영 및 재산상태에 관한 자료를 제출할 것을 명할 수 있다.

PART 3

회생할 것인가,
파산할 것인가,
그것이 문제로다

가.

기업회생을 결정하기 전 고려할 사항

기업회생은 상황에 따라 보유자산(공장 및 사무실) 매각과 10년에 걸친 채무상환[14], '회생기업'이라는 꼬리표로 인해 신용을 인정받지 못해 외상없이 현금거래를 강요받는 부당한 상황, 입찰보증서를 발급받지 못해 기존 거래가 끊기고 신규 납품 입찰기회를 눈물을 머금고 포기하는 상황, 법원이 임명한 CRO(구조조정담당임원)[15]나 감사

---

14 회생법상 10년이나, 통상 회생을 신청한 해는 준비년도로 간주. 총 11년에 걸쳐 회생계획이 수립되는 경우가 많다.

15 CRO: Chief Restructuring Officer의 약자로, 기존 경영인이 담당하는 사업부문과는 별도로 기업회생절차에 있어 구조조정과 관련된 업무를 수행하는 간부급 직원. 회생법원이 기존 경영자 관리인(DIP)을 효율적으로 견제하기 위해 도입한 제도로, 법원이 지명하고 기존 경영자 관리인이 근로계약을 체결하는 절차를 밟는다.
실무상 회생절차 개시부터 종결 또는 회생 인가 후 감사가 선임될 때까지 비교적 짧은 기간(통산 3개월~1년) 근무하며, 회생절차 전반에 걸친 자문을 제공하고, 자금수지 등 기업경영 현황을 법원과 채권단에 정기적으로 보고하는 가교역할을 수행한다.

[16]가 파견 나와 회사 업무를 감독하고, 사기 잃은 직원들이 그만두 겠다 해도 자신 있게 붙잡아 둘 수 없는 상황 등 지난한 고난의 시 간을 보낼 수도 있는 쉽지 않은 결정이다.

기업의 회생절차는 아무리 신속하게 진행한다 하더라도 절차적 인 투명성과 완전성을 확보하기 위해서는 회생개시결정부터 회생 계획까지 3개월 내지 6개월이 걸린다. 회생신청단계에서 서류를 제대로 구비하지 못했거나, 회생신청 의도가 단순히 경매 등 채권 자의 추심을 피하려는 시간 끌기 등의 악의로 해석될 경우 기각당

16 법원은 회생계획이 인가된 후 지체 없이 채무자의 감사를 선임하게 된다. 통상 기존 CRO 가 감사로 선임되는 경우가 많다. 통상 임기는 1년으로 하며 3년 이내로 연임가능하다. 중 소기업 감사의 경우 1주일에 2~3일 정도 출근하여 반나절 정도 업무를 수행하는 경우가 많다.
① 감사는 다음 각 호와 같이 관리인의 경영과 회생계획 수행활동을 감독하기 위한 업무를 수행한다.
　　1. 채무자의 회계, 입출금내역 등 운영상황 점검
　　2. 회생계획 수행에 대한 점검 및 독려
　　3. 관리인의 허가신청업무 감독 및 확인
　　4. 관리인의 보고업무에 대한 확인
　　5. 기타 감사가 업무를 수행하는 데 필요한 사항
② 감사는 채무자의 업무처리가 적정한지 여부를 확인하기 위하여 수시로 회계 장부 기타 채무자 의 내부 서류를 열람하고 영업현장 등을 점검하여야 한다.
③ 감사는 중립적 지위에서 엄정하게 그 직무를 수행하여야 하고, 특히 아래 사항에 대한 점검, 확 인을 철저히 하여야 한다.
　　1. 법원의 허가 없는 자금의 조성과 지출 여부
　　2. 회계계정의 부적절한 처리 여부
　　3. 부당한 수입감소 또는 지출증가가 있는지 여부
　　4. 채무자 조직의 능률성
　　5. 기타 채무자의 운영에 있어 부정적 요인의 존부
　　6. 준칙 제252호 「채무자의 자회사 현황 보고」 제2조에서 정한 자회사 운영에 관한 사항
　　7. 기타 법원이 조사를 요구한 사항

할 수 있다.

기각 후 다시 회생신청(재도의)하는 경우도 많이 있으며, 이러할 경우, 기업회생 인가결정까지 2년여의 시간이 소요될 경우도 있다.

기업의 파산은 크게 재정적 파산과 경제적 파산으로 분류할 수도 있다. 재정적 파산은 일시적인 유동성 위기로 인해 위기를 겪는 상황으로, 기업회생절차를 통해 성공적으로 재기할 수 있고 가장 '바람직한' 기업회생 대상기업이다.

경제적 파산은 해당 업종이 사양 산업으로 사업성이 없다든지 하는 체계적 위험을 내포한 위기상황을 말할 수 있다. 기본적으로 기업회생을 통해 살아날 가능성이 매우 낮은 상황으로, 다음과 같은 질문에 자신 있게 답할 수 있는 경우 회생가능성이 높다고 볼 수 있다.

- 과거 3년간의 매출을 유지할 수 있는지?
- 보유한 담보를 매각하여 위기를 벗어날 자신이 있는지?
- 기존 수주한 계약들이 현실화 될 가능성이 있는지?
- 구조조정으로 비용을 절감하여 영업이익을 낼 수 있는 상황

인지?

- M&A나 일부 사업의 양수도가 가능한지?

이러한 질문에 대답할 수 없다면 안타깝지만 회생가능성은 상당히 낮다고 볼 수 있다.

왜냐하면 기업회생은 기본적으로 영업이익을 통해 변제하고, 채무조정을 통해 일부 무담보 채무를 채무조정해서 개선해 가는 과정이기 때문이다.

경영인이 자신의 기업에 대한 무한한 애정과 확실한 비전이 없다면, 차라리 파산을 선택하는 것이 쉬운 선택이 될 수도 있다.

하지만, 캠코 등 공공기관의 각종 제도를 현명하게 활용해 유동성 위기의 강을 건너 화려한 나비로 부활하는 선택도 나쁘지는 않다. 불확실하게 누적된 애매한 가계정과 이리저리 얽힌, 기억도 가물가물한 여러 채무관계를 법원의 도움으로 말끔히 정리해 더 건실한 기업으로 태어난다면 '회생'이라 쓰고 '환생'이라 읽을 수도 있지 않을까?

나.

기업은 회생신청 할 건데, 회사보증 선 대표이사는?

기업회생을 신청해 인가결정을 받으면, 회생계획안에 따라 모든 채권이 변동된다. 담보채권은 담보가액 범위 내로 축소되기도 하고 10년 기간 내에서 분할상환 조건으로 변동되기도 한다. 담보가액을 넘는 담보채권은 일반 상거래 채권과 같이 무담보로 취급되어 통상 60~70% 감면되어 상환부담이 대폭 줄어든다.

하지만, 통상 회사가 은행에 가서 대출을 받을 때, 은행원의 강압에 의해(대출서류에 보증인 서명하는 부분이 인쇄되어 있다) 대표이사는 본인의 의지와 상관없이 어쩔 수 없는 상황에서 연대보증을 서게 되는 경우가 많다.

이러한 보증 채무는 회생계획으로 줄어든 주채무와 별개로 전혀 줄어들지 않아, 기업회생만 신경 쓰다 보면 정작 경영인은 기업의 감면된 채무를 보증 채무라는 이름으로 부담하게 되는 경우가 대부분이다.

이를 방지하기 위해서는 기업회생 신청 전 보증 채무 처리를 위해 기업회생 전문변호사나 회계사 등 전문가와 상담하여 치밀하게 준비할 필요가 있다. 일부 경영인의 경우 기업회생과 더불어 개인회생을 동시에 진행하는 경우도 있다.

법인회생이든 일반회생이든 절차진행에는 비용이 매우 큰 장애가 될 수 있다. 만일 법인과 대표가 동시에 회생을 진행한다면 당연히 비용은 이중으로 지출될 수밖에 없다. 법인채무가 50억 이하이면 적극적으로 간이회생절차를 진행해 비용을 줄이도록 해야 하며, 대표이사도 연대보증 채무를 정확히 파악해 가능한 개인회생절차를 진행하는 것이 간편하다.

각종 회생절차 비교

구분	법인회생	간이회생	일반회생	개인회생
근기	부채 50억 초과	부채 50억 이하 (무담보 10억 초과, 담보 15억 초과)	부채 50억 초과 (개인사업자) **무담보 10억 초과,** 담보 15억 초과 (급여소득자)	무담보 10억 이하, 담보 15억 이하
목적	사업소득	영업소득	1. 급여소득자 2. 개인사업자 중 30억 초과	급여소득, 사업소득 불문하고 신청가능
대상채권	법상 생략 없음	절차 간소화 회생계획안 동의 요건에 특례 있음	법인회생 절차와 유사	다른 회생과 많이 다름
신청권자	10년	10년	10년	3년 또는 5년
의결정 족수	출자전환, 영업양도, M&A 등 다양한 회생계획 수립가능	좌동	가용소득, 순영업이익으로 변제 후 채무면제	가용소득으로 변제 후 채무면책

서울회생법원
도산절차 소개

개인회생은 채권자의 동의 필요 없이 개시결정이 나며, 적은 비용으로 통상 3년 만에 종결이 되므로 가장 바람직하다고 할 수 있다. 하지만, 무담보 채무 10억 이상, 담보채무 15억 이상이면 어쩔 수 없이 채권자의 동의를 받아 10년간 상환해야 하는 일반회생을 진행해야 한다.

　대표이사가 법인과 동시에 회생을 진행하게 되면, 두 절차의 중복으로 인해 관리인의 역할을 수행하는 데 많은 제약을 받을 수밖에 없다. 법원에 따라 다르나 통상 기일을 병합에 진행하는 경우가 많고, 개인회생절차를 중단시킨 후 법인회생이 인가 나면 같이 진행하기도 한다. 이때 만일 법인회생이 인가받지 못해 파산하게 되면 대표이사의 회생도 성공가능성이 낮다.

　따라서 무조건 2개의 회생절차를 동시에 진행하기보다는, 보증채무에 따른 채권자의 독촉이 일상생활이 불가능할 정도로 심하거나, 가족이 거주 중인 주택의 경매가 진행된다든지 하는 불가피한 상황이 아닌 경우라면 가능한 기업회생절차를 먼저 충실히 진행하면서 상황에 맞게 개인회생절차를 진행하는 것이 바람직하다.

　개인(일반)회생을 진행하다가 인가를 받지 못해 파산으로 가는 경

우, 법에 따라 관리인에서 해임되게 되므로 사전에 회생인가 가능
성에 대한 충분한 검토가 필요하다 할 수 있다.

다.

기업회생할 때 미리 준비해야 하는 비용은?

회생에는 기본적으로 법원비용과 자문비용 2가지 비용이 들어간다.

법원비용은 회생절차 신청 시 납부해야 하는 예납금, 송달료, 인지대, 감정료 등이 있으며, 자문비용은 법률자문, 회계자문 등의 비용이다.

법원의 예납금은 조사위원 보수가 큰 부분을 차지하게 되는데, 개인회생은 15만 원 정도, 간이회생의 경우 600~800만 원 정도, 법인회생의 경우 3,000만 원 정도를 예상해야 한다.

<간이회생 예납금 기준표 – 서울회생법원>

신청 당시 재무상태표상 자산 및 부채 총액	예납금
자산 또는 부채가 10억 원 이하인 경우	400만 원~500만 원
자산 또는 부채가 10억 원 초과 20억 원 이하인 경우	500만 원~600만 원
자산 또는 부채가 20억 원 초과 30억 원 이하인 경우	600만 원~800만 원
자산 또는 부채가 30억 원 초과 50억 원 이하인 경우	800만 원~1,000만 원

서울회생법원의 경우, 중소기업이 기업회생을 신청할 경우 중진공 회생컨설팅 제도를 안내하기도 하며, 예납금 납부 후 회생컨설팅 대상으로 선정되면 예납금 일부를 환급해 주기도 한다.

<법인회생 예납금 기준표 - 서울회생법원>

조사 당시의 자산 총액	기준 보수
50억 원 미만	1,500만 원
50억 원 이상 80억 원 미만	1,800만 원
80억 원 이상 120억 원 미만	2,700만 원
120억 원 이상 200억 원 미만	3,200만 원
200억 원 이상 300억 원 미만	3,900만 원
300억 원 이상 500억 원 미만	4,500만 원
500억 원 이상 1,000억 원 미만	5,000만 원
1,000억 원 이상 3,000억 원 미만	5,700만 원
3,000억 원 이상 5,000억 원 미만	7,700만 원
5,000억 원 이상 7,000억 원 미만	9,200만 원
7,000억 원 이상 1조 원 미만	10,000만 원
1조 원 이상 2조 원 미만	11,000만 원
2조 원 이상	12,000만 원 (1조 원당 1,200만 원씩 추가)

송달료는 말 그대로 우편요금이므로 이해관계인의 수에 따라 천차만별이다.

<송달료 기준표 – 서울회생법원>

조사 당시의 자산 총액	기준 보수
5명	264,000원
10명	336,000원
20명	480,000원
30명	624,000원
40명	768,000원
50명	912,000원
100명	1,632,000원

라.
기업회생 신청 직전 고려할 사항
(밀린 임금, 미납 세금, 비용처리 못 한 가지급금 등)

회생절차를 진행하면 모든 채무가 회생담보권과 회생채권으로 변하여 계획안에 반영된 금액 외에는 모두 눈 녹듯 사라지는 마법이 일어난다. 하지만, 세상만사에는 예외가 있는 법. '공익채권'[17]이라는 변수가 있어 잘 진행되어 부활을 꿈꾸던 기업이 중간에 탈락하는 어처구니없는 경우도 있다.

따라서 회생절차 전 유능한 회생전문 회계사와 함께 모든 임금, 미납세금을 점검할 필요가 있다.

---

17 회생채권, 회생담보권에 우선하여 갚아야 되는 최우선 채권으로 통상 회생절차관련 법원이 인정한 비용, 회생절차 중 발생하는 상거래 대금, 임금 및 조세채권 등이 이에 해당한다.

공익채권에 특히 신경 써야 하는 이유는, 회생담보권과 회생채권은 계획안에 따라 변제계획이 나오고, 기한이 남아 있으면 일찍 상환할 필요가 없는 채권이나, 공익채권은 통상 회생담보권을 상환하기 전 준비 연도에 가장 먼저 상환해야 하고, 발생 시 수시로 상환해야 하며, 회생절차 중임에도 압류 등 강제집행이 가능해 회생절차에 큰 장애가 될 수도 있기 때문이다.

그중에서도 조세채권은 상당히 큰 금액이 갑자기 공익채권으로 나타날 수도 있으며, 반대로 잘 대처해 회생채권으로 정리하고 상당부분 절세가 가능할 수도 있기 때문에 회생절차 신청 전 회계사와 철저히 대비해야만 한다.

간단히 조세채권의 회생채권 · 공익채권 여부를 구분해 보면 다음과 같다.

구분	회생 조세채권	공익 조세채권[18]
시기	개시결정 전 성립	개시결정 후 성립
효과	회생절차 참가 및 진술필요	채권조 분류 불필요
신고	채권신고 필요	채권신고 불필요
실권	채권목록 제외 시 실권	실권 안 됨
부인권	행사가능(취소)	행사불가능
의결권	있음	없음
변제	회생계획안에 따름	수시변제

18 **공익채권 관련 채무자 회생법 조항**
제179조(공익채권이 되는 청구권)
① 다음 각 호의 어느 하나에 해당하는 청구권은 공익채권으로 한다.
  1. 회생채권자, 회생담보권자와 주주 · 지분권자의 공동의 이익을 위하여 한 재판상 비용청구권
  2. 회생절차개시 후의 채무자의 업무 및 재산의 관리와 처분에 관한 비용청구권
  3. 회생계획의 수행을 위한 비용청구권. 다만, 회생절차종료 후에 생긴 것을 제외한다.
  4. 제30조 및 제31조의 규정에 의한 비용 · 보수 · 보상금 및 특별보상금청구권
  5. 채무자의 업무 및 재산에 관하여 관리인이 회생절차개시 후에 한 자금의 차입 그 밖의 행위
     로 인하여 생긴 청구권
  6. 사무관리 또는 부당이득으로 인하여 회생절차개시 이후 채무자에 대하여 생긴 청구권
  7. 제119조 제1항의 규정에 의하여 관리인이 채무의 이행을 하는 때에 상대방이 갖는 청구권
  8. 계속적 공급의무를 부담하는 쌍무계약의 상대방이 회생절차개시신청 후 회생절차개시 전까
     지 한 공급으로 생긴 청구권
     8의 2. 회생절차개시신청 전 20일 이내에 채무자가 계속적이고 정상적인 영업활동으로 공급
         받은 물건에 대한 대금청구권
  9. 다음 각목의 조세로서 회생절차개시 당시 아직 납부기한이 도래하지 아니한 것
     가. 원천징수하는 조세. 다만, 「법인세법」 제67조(소득처분)의 규정에 의하여 대표자에게 귀

참고로, 재판절차 없이 압류나 추심이 가능하고 공매 등의 강제 집행이 가능한 조세 등 청구권에는 법인세, 부가세, 소득세, 과태료, 국유재산의 사용료, 국민건강보험료, 국민연금, 고용 보험료, 농어촌특별세, 원천징수 되는 조세, 산업재해 보상보험의 보험료 등이 있다.

이 중, 부동산 관련 취득세 등은 과세요건이 성립되는 즉시 확정 되며, 원천징수 소득세 등은 소득발생 시 과세요건이 성립되나 소득금액 변동통지서가 송달될 때 확정된다.

회생절차에 있어 경험 많은 회계사의 중요성은 아무리 강조해

속된 것으로 보는 상여에 대한 조세는 원천징수된 것에 한한다.
　나. 부가가치세 · 개별소비세 및 주세
　다. 본세의 부과징수의 예에 따라 부과징수하는 교육세 및 농어촌특별세
　라. 특별징수의무자가 징수하여 납부하여야 하는 지방세
10. 채무자의 근로자의 임금 · 퇴직금 및 재해보상금
11. 회생절차개시 전의 원인으로 생긴 채무자의 근로자의 임치금 및 신원보증금의 반환청구권
12. 채무자 또는 보전관리인이 회생절차개시신청 후 그 개시 전에 법원의 허가를 받아 행한 자금의 차입, 자재의 구입 그 밖에 채무자의 사업을 계속하는 데에 불가결한 행위로 인하여 생긴 청구권
13. 제21조 제3항의 규정에 의하여 법원이 결정한 채권자협의회의 활동에 필요한 비용
14. 채무자 및 그 부양을 받는 자의 부양료
15. 제1호부터 제8호까지, 제8호의 2, 제9호부터 제14호까지에 규정된 것 외의 것으로서 채무자를 위하여 지출하여야 하는 부득이한 비용
② 제1항 제5호 및 제12호에 따른 자금의 차입을 허가함에 있어 법원은 채권자협의회의 의견을 들어야 하며, 채무자와 채권자의 거래상황, 채무자의 재산상태, 이해관계인의 이해 등 모든 사정을 참작하여야 한다.

도 모자라지 않다. 실무상 다양한 이해관계자와의 채권 채무관계를 조정해 상당부분 면제받고 건강하게 회생할 수 있는 기회이므로 비용이 들더라도 반드시 전문가의 도움을 받는 것이 중요할 수 있다.

마.

정상기업으로
회생할 가능성

기업회생을 통해 정상기업이 될 확률은 얼마나 될까?

대법원 사이트에 게재된 통계자료를 통해 다음과 같이 추정해
볼 수 있다.

연도별 법인 회생 및 정상화 현황 (2006~2022)

구분	2012	2013	2014	2015	2016	2017	2018	2019	2020	총계	평균
폐업법인	55,670	57,292	53,301	49,983	68,809	39,455	38,820	68,552	66,519	498,401	55,378
회생신청 A	803	835	872	925	936	878	980	1,003	892	8,124	903
회생인가 B	290	260	263	287	345	317	436	424	397	3,019	335
인가율 B/A	36.1%	31.1%	30.2%	31.0%	36.9%	36.1%	44.5%	42.3%	44.5%	37.2%	37.2%
회생종결 C	86	132	172	225	238	276	319	358	315	2,121	236
신청대비 회생율 C/A	10.7%	15.8%	19.7%	24.3%	25.4%	31.4%	32.6%	35.7%	35.3%	26.1%	26.1%
인가대비 회생율 C/B	29.7%	50.8%	65.4%	78.4%	69.0%	87.1%	73.2%	84.4%	79.3%	70.3%	70.3%
정상기업 D	46	70	102	141	154	176	216	276	287	1,468	163
신청대비 정상화율 D/A	5.7%	8.4%	11.7%	15.2%	16.5%	20.0%	22.0%	27.5%	32.2%	18.1%	18.1%
인가대비 정상화율 D/B	15.9%	26.9%	38.8%	49.1%	44.6%	55.5%	49.5%	65.1%	72.3%	48.6%	48.6%
종결대비 정상화율 D/C	53.5%	53.0%	59.3%	62.7%	64.7%	63.8%	67.7%	77.1%	91.1%	69.2%	69.2%

대법원 사법연감(회생(종결) 및 파산기업건수), 국가통계포털(폐업법인 수), 한국기업데이터(정상화율) 자료 발췌 및 가공
한덕규((2022) 회생중소기업에 대한 신규자금지원이 기업성과에 미치는 영향, 부산대학교 글로벌경제컨설팅 과정 박사학위논문 P132 발췌

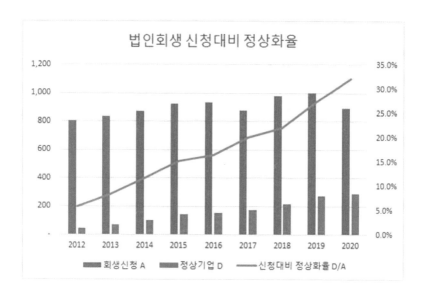

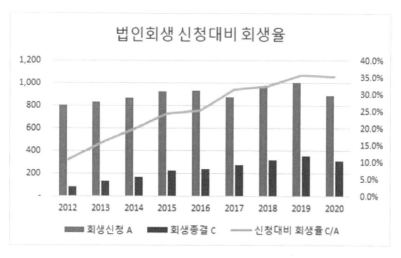

기업회생! 내가 좀 알려줘?

PART 4

기업회생, 어디서 도움을 받을 수 있을까?

가.

법원의 회생지원제도

　기업회생은 회생 전문법원인 서울회생법원과 각 지방법원의 파산부에서 진행한다. 최근 증가하는 기업회생 신청건수를 고려 '수원회생법원'과 '부산회생법원'이 2023년 상반기 설립될 예정이며, 이외 각 고등법원 소재지마다 회생전문법원 설립이 추진되고 있어 기업의 회생절차 기간이 대폭 단축될 가능성이 높아졌다.

　서울회생법원은 회생신청자에 특화되어 있어 지방법원 파산부에 비해 상대적으로 채무자에 유리한 경향이 있다. 실질적으로 회생절차를 진행하는 관리위원만 해도 일반적인 지방법원이 2인을 넘지 않는 데 비해(울산지방법원은 1인), 서울회생법원은 9인(22.11말 현재)으로 관리인력 면에서도 여유가 있다. 따라서 관할법원 선택에 있

어 가능한 서울회생법원을 선택하는 것이 채무자에게 유리하다고
할 수 있다.

서울회생법원 사이트를 방문해 보면 기업회생관련 정책적 지원
제도를 소개하는 내용도 있으니 참고할 만하다.

관련법규[19]: '채무자 회생 및 파산에 관한 법률(채무자 회생법)' 및 동
시행령, 규칙, 서울회생법원 실무준칙, 회생관리위원 직무편람 등

---

19   법제처 홈페이지 및 서울회생법원 홈페이지에서 다운로드 가능

〈회생절차흐름도-서울회생법원〉

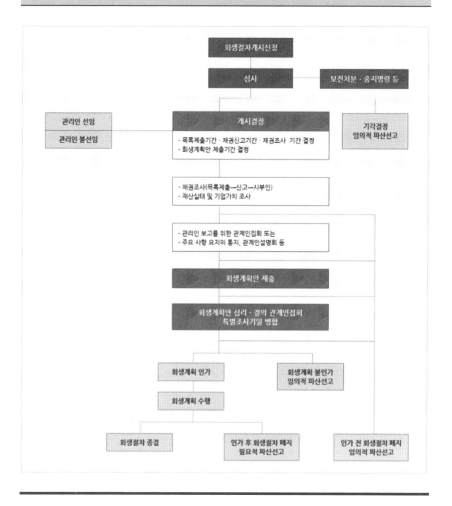

나.
캠코(한국자산관리공사)의 회생지원제도

1) 회생기업 자금대여(DIP[20] 금융지원)

정부의 '재기가능성 있는 중소·회생기업 지원 방침'에 따라 캠코는 회생기업[21]에 대해 기업운영에 필요한 운영자금 및 시설자금을 신규로 대여하여 재기를 지원하고 있다.

기존 회생계획에 따라 기업을 운영할 경우, 외상거래가 어려워

---

20 DIP: Debtor In Possession의 약자로, 미국의 파산법(Chapter 11)에서 차용한 개념. '기존 경영자 관리인'의 의미.
현재 기업회생 시 법원은 특별한 사유가 없는 한 제3자를 관리인으로 선임하지 않고 기존 경영인을 관리인으로 간주하여 회생절차를 진행하고 있음. 근거 - 채무자 회생법 제74조 제2항

21 회생인가기업 외에도 회생절차를 갓 신청한 기업 및 회생절차 종결한 기업도 포함

원자재 구매 및 납품을 위한 입찰과정에서 많은 어려움을 겪을 수 있다. 하지만, 회생기업의 경우 신용등급 문제로 은행의 신규대출이 불가능하여 현금흐름에 상당한 애로를 겪을 수 있다. 이때 캠코의 DIP 금융지원은 매출신장을 위한 시원한 마중물이 될 것이다.

신청은 온기업 홈페이지(https://oncorp.kamco.or.kr)에서 온라인으로만 신청이 가능하다. 신청하면 캠코 담당자가 자동으로 지정되어 연락이 오는 시스템이다. 대출 금액은 보유자산과 기업 상황에 따라 약 20억 원까지 무담보로 지원받을 수 있으며, 기존 고금리 담보대출의 대환대출 신청도 가능하다.

신청에서 자금집행까지 약 2~3개월 소요될 수 있으며, 대출 기한은 1년으로 최장 5년까지 연장할 수 있다.

〈캠코 DIP 금융지원 구조도〉

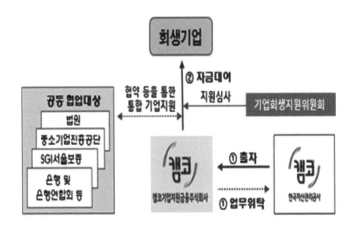

또한, 캠코는 아직 시범사업이기는 하나(22.12월 현재), DIP 금융지원을 받은 기업을 대상으로 '맞춤형 민간전문가 컨설팅'을 제공하고 있다. 삼성·LG·현대·SK 등 다양한 분야의 10대 기업출신 산업분야별 전문가를 보유한 컨설팅 매칭전문 민간업체와 협업하여 회생기업의 경영·마케팅·인사·영업·노사·생산·엔지니어링·신규사업·투자유치 등 다양한 분야의 맞춤 컨설팅을 무료로 제공하고 있다.

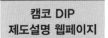

캠코 DIP
제도설명 웹페이지

〈캠코 DIP 업무흐름도〉

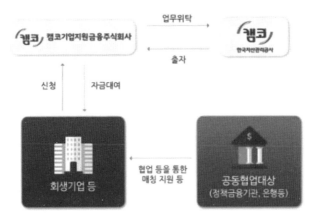

[참고] 회생기업 자금대여 프로그램의 장점

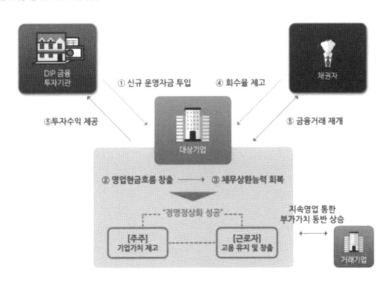

2) 패키지형 회생기업 금융지원 프로그램

캠코는 19.11.1 회생기업 자금대여를 전담하는 '캠코기업지원금융(주)'를 만들어 중소기업진흥공단의 자금대여(DIP금융) 및 서울보증보험의 이행보증을 통합 지원하는 「패키지형 회생기업 금융지원 프로그램」을 출범했다.

기술력과 영업력을 갖추고 있으나, 신규자금 대출이 어려운 중소 회생기업에 대해 지원을 제공하는 프로그램으로서, 캠코와 중진공이 신규자금을 대여하고, SGI서울보증이 이행보증 및 인허가 보증을 한 번에 제공하여 중소 회생기업의 재기를 돕는 제도이다.

신청 절차

01 신청 및 접수
- 온기업(https://oncorp.kamco.or.kr)을 통한 신청 및 자가진단
- 서류 제출
  (기술력 증빙자료, 재무제표, 회생관련 자료 등)

02 지원요건 실사
- 사전검토 : 기술력 증빙자료, 재무제표, 회생 관련 자료 등 제출서류를 바탕으로 사전검토
- 현장평가 : 공장 및 사업장 방문하여 현장평가 실시
- 회계법인 실사 : 외부 회계법인 실사 진행

03 자금대여 승인
- 기업회생지원위원회 개최 및 심의
- 자금대여 여부 및 조건 결정

04 자금대여 실행
- (회생종결 전 기업의 경우) 법원허가 획득*
  * 신청기업이 직접 수행
- 자금대여 실행

 전(前)단계를 통과해야 다음 단계 평가가 가능하여, 탈락할 경우 지원 대상에서 제외됩니다.

신청 및 접수는 온기업 홈페이지(https://oncorp.kamco.or.kr)를 통해서 온라인으로만 가능하다. 접수 후 자동 배정된 캠코 직원이 전화연락이 오는 구조이며, 소정의 서류(기술력 증빙자료, 재무제표 등)를 제출하면, 계량적 사전검토와 회계법인의 현장 평가와 실사를 거쳐 승인여부를 판단하게 된다.

신청 대상은 신규자금 지원 시 재기할 가능성이 높은 회생기업으로서, 회생절차 진행 중인 기업(회생개시결정 이후) 및 회생 종결 후 3년 이내 기업(회생채무를 모두 변제한 기업 포함)이다. 단 세금 및 4대 보험 등을 체납 중이거나, 중소기업 정책자금 융자제외 대상 업종이거나 소상공인인 경우에는 신청 대상에서 제외된다. 제외대상 여부는 온기업 홈페이지에서 자가진단으로 확인가능하다.

심사결과 지원 대상에서 탈락했다 하더라도 실망할 필요는 없다. 대상기업이 회생진행 중인 기업은 물론, 회생채무를 모두 상환한 종결 후 3년 이내 기업도 가능하므로, 다음 해에 재무상태 등이 개선된 경우 다시 신청이 가능하다. 또한, 회생계획상 변제금이 연체되는 등 정상 이행이 아닌 경우에도 정상화가 가능하다고 판단될 경우 지원이 가능하므로 대상기업은 일단 신청해 볼 필요가 있다.

캠코에서는 접수된(또는 신용보증기금 등 관련 기관의 추천을 받은) 기업에 대해 서류 심사와 현장실사 등을 거쳐 심사표를 작성하게 된다. 이후 전문가(한국산업기술평가 관리원 등)로 구성된 기업회생지원위원회에서 자금대여 여부와 기간·금액·금리 등 조건을 결정하게 된다.

서류심사에서 통과하기 위해서는 재무제표상 회생개시 이후 개선되어 가는 모습을 볼 수 있으면 유리하며, 기술개발촉진법에 의거 국가기술표준원이 발급하는 국가신기술인정마크 등이 있으면 큰 가점을 받아 계량평가 시 매우 유리할 수 있다.

또한, 회생기업 금융지원 이자보전 협약에 따라 충청남도 등 일부 지자체에서 대출(5억 원 한도)의 연리 2%를 보전하는 제도도 병행해서 실행하고 있다. 이는 해당 지방자치단체 관할지역 내 기업이

기업회생! 내가 좀 알려줘?

DIP 금융을 지원받을 때 병행해서 지원하는 제도이다.

신규자금 지원 조건

자금용도
- 기업의 영업현금흐름 창출 지원을 위한 운전자금
- 기계설비 구입 등을 위한 시설자금
- 안정적 영입기반 확보를 위한 담보권 상환 시 대환자금

대여기간
- 통상 2~3년으로 성실 상환시 연장 가능 (연장기간 포함 최장 5년)

대여한도
- 기업의 신청금액 및 자금수요 내역, 유효담보가액 등을 반영하여 결정
- 운전·시설자금 : 기업당 최대 20억원 이내
- 대환자금 : 유효담보가액 이내

대여이율
- 5% ~ 6%대 (기준금리에 따라 변동 가능함)

상환방법
- 만기 일시 상환 원칙. 단, 대여기간이 1년 초과할 경우 분할 상환 가능

※ 대여기간·금액·금리 등의 세부조건은 기업회생지원위원회 심의를 통해 결정

SGI서울보증의 보증지원은, 이행보증(입찰, 계약, 차액, 하자보증) 및 인허가 보증을 기업당 5억 원 한도 내에서 무담보로 2년간 제공된다. 온기업 홈페이지에서 신청하여 대상자로 선정되면, 보증지원 서비스 신청이 SGI서울보증에 자동으로 통보되므로 별도의 신청 절차 없이 이용이 가능하다.

각 패키지 참여 기관별 지원조건은 다음과 같다.

구분	캠코	중진공	서울보증(SGI)
용도	운전 · 시설 · 대환자금	운전자금	이행 · 인허가 보증
방식	신용 · 담보대출	신용대출	무담보
한도	20억 원	10억 원	5억 원
기간	최대 5년	최대 5년	최대 2년

더 자세한 서비스 내용이 궁금하면 지금 스마트폰을 들고 카메라를 켜서 아래 QR코드에 접근하면 온기업 웹서비스에 연결되어 자세히 알아볼 수 있다.

3) 회생기업 지급보증 프로그램

회생기업의 경우, 아무리 현금흐름이 좋아도 종결 전까지는, 종결 후에도 상당기간은 제1금융권의 신규대출 신청이 사실상 불가능한 경우가 많다. 이에 따라 어쩔 수 없이 고금리 자금을 사용함으로써 재기에 어려움을 겪는다.

캠코는 시중은행(현재는 신한은행만 가능)과 포괄적 업무협약을 맺어 '공사 지급보증 - 은행 신규대출' 프로그램을 통해 회생기업의 '완전한 정상화'를 지원하고 있다.

대상기업은
1) 담보여력이 있거나
2) 모든 회생채무를 변제하였거나,
3) 정상 영업을 통해 채무 변제 능력을 회복한 정상화 진입 단계의 회생기업이다.

현재는 시범사업기간으로서, 상기 조건 외, DIP 금융을 지원받은 이력이 있는 회생절차 종결기업 중 신한은행 사고채권 이력 없는 기업만을 대상으로 시행 중에 있으며, 향후 대상은 확대될 예정이다.

4) 자산 매입 후 임대(Sale & Lease back) 프로그램[22]

 기업이 회생계획을 작성할 때 채권자들의 동의를 얻기 쉽도록 대부분 1년 차에 보유자산(공장 등)을 매각해 상환하겠다고 하는 경우가 많다. 제조업체의 경우 공장을 매각한다는 의미는 그 설비를 이전할 곳이 없는 한, 매각 후에 매수자로부터 다시 임차하여 영업을 통해 나머지 9년 동안 회생채권을 상환해 나가겠다는 것이다. 하지만, 현실적으로 공장을 인수하는 매수자는 자신이 사용하거나, 재건축하여 다른 용도로 사용하기를 바라지 임대수익을 원하는 경우는 많지 않다. 이로 인해 회생계획의 미이행으로 회생 폐지되어 파산으로 가는 경우도 많이 있다.

 회생절차에 있는 이상, 신용등급이 나오지 않아 기존 금융기관에서 대환대출이나 신규대출이 어려운 만큼 이러한 기업을 돕기 위해 캠코에서는 '자산 매입 후 임대(Sale & Lease back)프로그램'을 운영하고 있다.

22　온기업 홈페이지(www.oncorp.or.kr) 참고

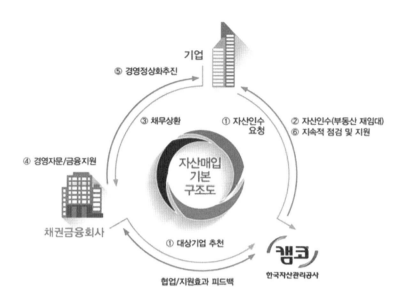

동 프로그램은 기본적으로 건실한 영업을 영위하던 기업 중 일시적 자금문제를 겪고 있는 기업을 대상으로 하고 있으며, '온기업 홈페이지'를 통해 신청하면 배정된 캠코 직원이 연락을 주게 된다.

프로그램 진행을 위해서 회계법인 등이 참여하여 실사를 하고, 재무구조 개선을 통해 경영정상화가 높다고 판단되는 기업에 한해 자산 인수 및 임대절차가 진행된다. 실사 과정에서 평가 수수료(수천만 원대)가 발생하나 특별한 하자(불법건축물 등 신청 내용과 다른 경우)가 없는 경우 모든 수수료는 캠코가 부담한다.

임차기간은 최고 10년까지 연장이 가능하며, 임차기업은 일반적으로 1년 이후부터(산업단지는 관련법에 따라 5년 이후부터) 계약기간 만료 3개월 전 재매입을 신청할 수 있다.

최초 매각과 재매입 과정에서 부동산 매매거래에 따른 취득세가 발생하게 되는데, 최초 매각 시에는 매수자인 캠코가 취득세를 부담하고, 재매입 시 발생하는 취득세는 면제가 되므로 본 프로그램에 참가하는 기업은 여하한 부대비용 부담에서 자유롭다.

5) 성실상환 회생기업 채무감면 제도

회생기업이 채무의 상당액을 변제(또는 완제)하는 경우에도 잔여채무 상환의무로(통상 회생담보권 변제 후 회생채권) 재기지원에 한계가 있는 경우가 많다.

또한, 대표이사의 경우 회생법상 연대보증으로 인한 보증채무가 면제[23]되지 않아 법인이 회생계획안에 따른 주채무를 완제하고 나

---

23   제250조(회생계획의 효력범위)
     ① 회생계획은 다음 각호의 자에 대하여 효력이 있다.
        1. 채무자
        2. 회생채권자 · 회생담보권자 · 주주 · 지분권자
        3. 회생을 위하여 채무를 부담하거나 담보를 제공하는 자
        4. 신회사(합병 또는 분할합병으로 설립되는 신회사를 제외한다)
     ② 회생계획은 다음 각 호의 권리 또는 담보에 영향을 미치지 아니한다.
        1. 회생채권자 또는 회생담보권자가 회생절차가 개시된 채무자의 보증인 그 밖에 회생절차가
           개시된 채무자와 함께 채무를 부담하는 자에 대하여 가지는 권리
        2. 채무자 외의 자가 회생채권자 또는 회생담보권자를 위하여 제공한 담보

서도 보증채무로 재기에 걸림돌이 되기도 한다.

연대보증 채무와 관련 보증기관(기술보증기금, 신용보증기금, 중소벤처기업진흥공단)은 관련 법을 통해 주채무 완제시 연대보증 채무를 감경 또는 면제하고 있으나, 캠코는 공사법(한국자산관리공사 설립 등에 관한 법률)상 연대보증채무의 감경 및 면제가 언급이 없다.

이에, 캠코는 성실히 상환한 회생기업의 잔여채무(일정금액 상환 이후) 및 주채무 완제 시 보증채무를 감면해 재기에 힘을 보태고자 내부규정(특별채권관리업무규정) 개정을 통해 2022년 12월부터 성실상환 회생기업에 대한 채무감면제도를 운영하고 있다.

다.

중소벤처기업진흥공단
(중진공)의 회생지원제도

중진공(중소벤처기업진흥공단)은 1979년 중소기업진흥법에 따라 중소기업청 산하 특수법인으로 설립된 준정부기관이다. 본사는 경상남도 진주시에 있으며, 전국에 33개의 지역본부를 가지고 있는 중소벤처기업 지원에 특화된 기관이다. 중소기업을 위한 정책자금의 집행을 비롯 여러 가지 정책적 육성사업을 수행하고 있다.

중소기업이 부실하게 되어 회생과 파산의 기로에서 방황을 하고 있다면, 무엇보다도 우선적으로 '중소기업 혁신 바우처 플랫폼(mssmiv.com)'을 방문해 볼 것을 권한다.

중소기업 혁신 바우처 플랫폼에 접속, 첫 화면 메뉴 중에서 '재기컨설팅 바우처 사업'을 클릭해서 들어가면 3가지 컨설팅 사업설명이 펼쳐진다.

기업처지에 맞는 처방전 발급을 위한「진로제시 컨설팅」, 사업을 접을 회사를 위한「사업정리 컨설팅」, 그리고 다시 새 출발하고 싶은 기업을 위한「회생컨설팅」등 총 3개의 컨설팅을 신청하여 혜택을 받을 수 있다.

먼저, 진로제시 컨설팅의 사업내용은 다음과 같다.

중소기업 혁신 바우처 플랫폼 자료

지원내용		**진로제시컨설팅**은 '경영위기기업'에 대한 심층진단을 통해 계속가치, 청산가치를 비교분석하여 구조개선, 회생지원 및 사업정리 등의 진로제시를 목적으로 하는 컨설팅
기업형태	법인	**지원가능**(구조개선자금연계, 사업정리연계, 회생연계 지원가능)
	개인	**지원가능**(구조개선자금연계, 사업정리연계, 회생연계 지원 (단, 담보 15억 이하이거나, 무담보 10억 이하에 해당해야 가능))

지원대상	경영애로기업	지원가능	
	경영애로예상기업		
소요기간 및 비용	재무분석	평균 3~4주	1,800,000 (총비용)
		단, 중진공 대출금 매칭방식 출자전환 신청시 FCFE분석을 위해 2일/60만 원 추가 지원 가능	
	기술사업성분석	평균 3~4주	600,000 (총비용)

표 내용에서 보듯이, 진로제시 컨설팅은 선제적으로 기업의 상태를 점검하고, 이에 따른 처리방안을 '처방'하여 다음 단계로 연계시켜주는 역할을 한다.

즉, 컨설팅 결과 '회생'으로 처방되면 회생컨설팅으로 연계되어 기업회생절차를 컨설팅해 주게 된다. 이 경우 장점은, 진로제시 컨설팅 시 법무자문 서비스가 제공되어 회생 컨설팅 시 제공되는 회계자문 서비스까지 모든 서비스를 무료[24]로 제공받을 수 있다는 점이다.

---

24 부가가치세 10%는 의뢰인이 부담. 따라서 진로제시컨설팅의 총비용 240만 원의 10%인 24만 원 및 회생컨설팅 최고비용(기업 부채규모에 따라 다름) 3,000만 원의 10%인 300만 원 등 기업 규모에 따라 최고 324만 원으로 모든 서비스를 받을 수 있음

기업회생! 내가 좀 알려줘?

컨설팅 결과 '구조개선'으로 처방되면, 관련 정책자금 융자서비스를 제공받아 구조개선 작업을 지원받게 된다.

만일, 컨설팅 결과 '사업정리'로 처방되면 회사를 청산 또는 파산하는 단계로 가야 할 수도 있다. 이 경우 사업정리 컨설팅으로 연계되어 회사를 정리하는 데 필요한 재무·세무·법무·노무서비스를 한꺼번에 받을 수 있다. 회사를 정리할 때도 전문가의 도움을 받아 체계적으로 하지 않으면 뜻하지 않은 채무나 민·형사상 부담이 남을 수 있으므로 가능한 제도권의 지원을 받아 정리하는 것을 권한다.

중소기업 혁신 바우처 플랫폼 자료

지원내용	경영애로로 사업정리가 필요한 업체에 각종 의무사항 안내 및 사업정리 관련 자문	
재무/ 세무 컨설팅	폐업 시 발생하는 각종 세무신고 및 4대 보험 신고관련 사업양도 등 사업정리에 관한 절세 정보 안내(포괄 양수도 계약 방법 안내)	
법무 컨설팅	폐업 이후 잔존채무(조세채무, 보증 채무, 상거래채무, 금융회사채무 등) 및 지분정리로 발생하는 대표자 책임 안내 및 지원 각종 신용회복 방법(파산, 개인회생, 신용회복위원회 프로그램 안내 및 해당 신용회복절차의 특징 및 효과 안내)	
노무 컨설팅	임금 및 고용관계 정리 지원(근로자의체당금 신청방법 안내 포함)	
비고	처리기간 평균 3~4주	지원 금액: 240만 원 한도 (부가세 10% 기업부담) 분야별 120만 원 한도

이미 회생절차에 들어가기로 결심한 경우에는 바로 회생컨설팅 사업을 지원할 수 있다.

회생컨설팅은 **반드시 회생절차 개시 전에 신청**해야 지원 가능하며, 가능하면 **회생신청 전 진로제시컨설팅을 먼저 지원받고 이에 연계해 회생컨설팅을 받는 것을 추천**한다.

기업회생! 내가 좀 알려줘?

마음이 급해 회생컨설팅을 바로 신청할 경우, 진로제시컨설팅을 받는 1~2개월의 기간을 단축할 수 있으나, 진로제시 컨설팅 시 제공받는 법무서비스를 받지 못하고 회계자문 서비스만 받게 된다.

중소기업 혁신 바우처 플랫폼 자료

지원규모	최대 3천만 원(부가세 10% 기업부담 − 최대 300만 원) 부채 규모에 따라 회생비용은 차등적임 조사위원 미선임 시 예납금 환급가능		
기업형태	법인	간이회생	부채총액 50억 이하
		일반회생	부채총액 50억 초과
	개인	개인회생	담보 15억, 무담보 10억 이하
		일반회생	담보 15억, 무담보 10억 초과
지원내용	진로제시 연계형		진로제시를 통해 회생가능 처방전을 받은 기업 변호사: 개시신청서 작성, 시부인표, 법률자문, 신청대리 업무 등
	협업법원 연계형		협업법원에서 회생개시신청 기업 회계사: 관리인 조사보고서 작성 지원, 회생계획안 작성지원, 세부자문업무 등

협업법원	전국 14개 파산부가 있는 법원 본원과 협약 완료 ※ 서울회생법원, 의정부, 인천, 수원, 춘천, 청주, 대전, 광주, 전주, 제주, 대구, 부산, 울산, 창원 지방법원
지원불가	개시결정이 완료되어, 조사위원이 기 선임된 경우는 지원 불가 (반드시, 개시결정 전이어야 함)

따라서 가능한 진로제시컨설팅과 회생컨설팅이 연계된 복합 컨설팅을 신청하는 것이 법무서비스와 회계서비스를 모두 무료로 제공받으면서 좀 더 원만한 회생절차를 밟을 수 있는 방법이다. 이와 관련 자세한 상담은 중소벤처기업진흥공단의 본사 내 재도약 성장처(전화: 055-751-9626) 및 18개 전국의 재도전 종합지원 센터에서 가능하다.

재도전종합지원센터	연락처
재도약 성장처(총괄)	055-751-9621
서울 센터	02-2183-6781
서울서부 센터	02-2106-7459
경기 센터	031-260-4927
부산 센터	051-630-7414
대전세종 센터	042-281-3741
인천 센터	032-837-7033
대구 센터	053-606-8433
경남 센터	055-270-9767
광주 센터	062-600-3024
울산센터	052-703-1139
전북 센터	063-210-9942
강원 센터	033-269-6941
경기북부 센터	031-920-6714
충북 센터	043-230-6814
경북 센터	054-440-5917
제주 센터	064-754-5153
전남 센터	061-280-8033
충남 센터	041-589-4574

자, 이제 원하는 컨설팅 서비스를 선택하고 온라인으로 신청하면 중진공 내부에서 검토 후 대상사로 선정되면 연락이 올 것이다. 컨설팅 서비스 신청은 오직 온라인(www.mssmiv.com)에서만 가능하므로 급한 마음에 경상남도 진주에 있는 본사를 방문한다든지 할 필요는 없다.

온라인으로 컨설팅 서비스를 신청한 후의 절차는 다음과 같다.

일단 진로제시컨설팅과 연계한 회생컨설팅 서비스 대상자로 선정되면 기업회생절차에 따라 법무법인과 회계법인으로부터 다음과 같은 순서에 따라 서비스[25]를 제공받게 된다.

---

25 **회생컨설팅으로 지원받는 서비스 관련 채무자 회생법 조항**
제90조(재산가액의 평가)
관리인은 취임 후 지체 없이 채무자에게 속하는 모든 재산의 회생절차개시 당시의 가액을 평가하여야 한다. 이 경우 지체될 우려가 있는 때를 제외하고는 채무자가 참여하도록 하여야 한다.
제91조(재산목록과 대차대조표의 작성)
관리인은 취임 후 지체 없이 회생절차개시 당시 채무자의 재산목록 및 대차대조표를 작성하여 법원에 제출하여야 한다.
제92조(관리인의 조사보고)
① 관리인은 지체 없이 다음 각 호의 사항을 조사하여 법원이 정한 기한까지 법원과 관리위원회에

기업회생! 내가 좀 알려줘?

구 분	법무대리인	회계법인
개시신청 ~ 개시결정	개시신청서 작성 · 제출 개시결정 관련 법률사무대리	개시신청서 작성 지원 대표자 심문답변 작성지원
조사단계	제반 절차관련 법률자문 채권시부인표 취합 · 제출 채권 및 재산목록 취합 · 제출	채권 및 재산복록 · 채권시부인표 작성 및 검토 기타 회계 및 세무 자문
회생계획 작성	회생계획안 작성 및 제출 회생계획안 관련 법원검토 대응 및 자문	회생계획안 작성지원, 법원검토 대응 기타 회계 및 세무 자문
회생계획안 제출 ~ 회생계획안 인가	관계인집회 자료 작성지도, 참석 채권자 협상지원 및 법률자문	관계인집회 참석채권자 (금융회사) 협상지원 및 세무 · 회계 자문

보고하여야 한다. 다만, 제223조 제4항에 따라 다음 각 호의 사항을 기재한 서면이 제출된 경우에는 그러하지 아니하다. 〈개정 14.12.30., 16.5.29.〉

1. 채무자가 회생절차의 개시에 이르게 된 사정
2. 채무자의 업무 및 재산에 관한 사항
3. 제114조 제1항의 규정에 의한 보전처분 또는 제115조 제1항의 규정에 의한 조사확정재판을 필요로 하는 사정의 유무
4. 그 밖에 채무자의 회생에 관하여 필요한 사항

② 제1항에 따라 법원이 정하는 기한은 회생절차 개시 결정일 부터 4개월을 넘지 못한다. 다만, 법원은 특별한 사정이 있는 경우에는 그 기한을 늦출 수 있다. 〈신설 14.12.30.〉

제93조(그 밖의 보고 등)
관리인은 제90조 내지 제92조의 규정에 의한 것 외에 법원이 정하는 바에 따라 채무자의 업무와 재산의 관리상태 그 밖에 법원이 명하는 사항을 법원에 보고하고, 회생계획인가의 시일 및 법원이 정하는 시기의 채무자의 재산목록 및 대차대조표를 작성하여 그 등본을 법원에 제출하여야 한다.

제94조(영업용 고정재산의 평가)
① 관리인이 채무자의 재산목록 및 대차대조표를 작성하는 때에는 일반적으로 공정 · 타당하다고 인정되는 회계 관행에 따라야 한다.

하지만, 사정상 회생컨설팅만 신청해 대상자로 선정될 경우, 기업회생절차에 따라 회계법인으로부터 다음과 같은 서비스를 제공받게 된다.

구 분	회생컨설턴트 업무범위(회계법인)
조사단계	채권 및 재산목록 · 채권시부인표 작성 및 검토 관리인 보고서 작성지원 기타 회계 및 세무 자문
회생계획 작성	회생계획안 재무분야 작성지원, 법원검토 대응 기타 회계 및 세무 자문
회생계획안 제출 ~ 회생계획안 인가	관계인집회 참석 채권자(금융회사) 협상지원 기타 세무 · 회계 자문

본 컨설팅과 별개로, 중소벤처기업진흥공단에서는 캠코와 협업하는 「패키지형 회생기업 금융지원 프로그램」을 통해 회생기업에 운전자금을 무담보로 10억까지 지원한다.

동 자금지원 관련해서는 지금 스마트폰을 켜서 카메라로 아래의 QR코드를 비추면 즉시 중소벤처기업진흥공단의 정책자금 온라인 신청 웹페이지로 연결된다.

중소벤처진흥공단

라.

SGI서울보증의
회생지원제도

　앞에 있는 '패키지형 회생기업 금융지원제도'에서 설명한 바와 같이, SGI서울보증은 회생기업에 대해 기업당 5억 원 한도로 이행보증(입찰, 계약, 차액, 하자보증) 및 인허가 보증(SGI서울보증 홈페이지 참조)을 제공하고 있다. 제공되는 보증서는 홈페이지(www.sgic.co.kr)를 통해 발급받거나 전국 71개 지점을 방문하여 발급받을 수 있다.

　구체적인 지원신청 절차는, 일단 온기업 홈페이지(https://oncorp. kamco.or.kr)에서 '패키지형 회생기업 금융지원제도'를 신청하고, 심사를 통과해 지원대상 기업으로 선정되면 캠코에서 자동을 SGI서울보증으로 지원대상자 통보가 간다. 이후, SGI서울보증에서 회생기업 관할지역에 있는 지점에 연락해 대상기업과의 면담을 통해 필요한 보증을 지원하는 구조이다.

이때, 보증서 발급은 총액 5억 원 범위 내이며, 발급에 따른 수수료는 기업이 부담하며, 그 외 자격심사나 제출서류 등에서 혜택을 받아 **최소한 보증서 발급이 거절되지는 않는 혜택**을 누리게 된다.

SGI서울보증 홈페이지에 게재된 각 보증종류를 나열하면 다음과 같다.

1) 입찰보증

입찰보증이란 각종 계약의 수주를 위한 입찰 참가 시 납부하는 입찰보증금을 대신하여 사용하는 보증보험 상품이다. 즉, 입찰 시 입찰보증금에 해당하는 보험증서를 발급받아 제출함으로써 자금 조달 부담을 줄일 수 있는 상품이다. 입찰에 참가할 회생기업이 보험계약자이며 입찰 공고자(발주자)를 피보험자로 하여 입찰보증서 발급을 신청하게 된다. 보증내용은 '입찰 참가자인 보험계약자가 각종 계약의 입찰에 참여하여, 낙찰되었음에도 불구하고 계약을 체결하지 않음으로써 피보험자(발주자)가 입게 되는 손해(입찰보증금)'이다.

기업회생! 내가 좀 알려줘?

가입금액은 입찰금액에 대한 입찰보증금(통상 5%) 해당액 이상이며, 보험기간은 입찰서 제출 마감일 이전일부터 입찰서 제출 마감일로부터 30일 이상이다. 보험요율은 가입금액의 0.004~0.069%가 기본요율이다.

2) 계약보증

계약보증이란 건설공사계약, 납품계약 등 각종 계약에 따르는 채무의 이행을 보증하는 상품으로, 각종 계약에 수반하는 계약보증금에 대신하여 제공하는 보증서를 발급해 준다. 즉, 각종 계약 시 계약보증금에 해당하는 보험증서를 발급받아 제출함으로써 자금조달 부담을 줄일 수 있는 상품이다.

계약당사자 중 계약보증금을 제공해야 하는 당사자가 보험 계약자이며, 계약보증금을 받아야 할 당사자를 피보험자로 하여 보증서 발급을 신청하게 된다.

보증내용은 '보험계약자(수주자)가 계약에서 정한 채무를 이행하지 않음으로써 계약보증금이 피보험자(발주자)에게 몰수 또는 귀속되는 사유가 발생하였을 경우 피보험자(발주자)가 입게 되는 손해'이다.

가입금액은 피보험자가 요구하는 금액으로 통상 계약금액의 10% 이상이며, 보험기간은 계약체결일부터 계약기간 만료일까지 이다. 보험요율은 가입금액의 0.023~1.645%가 기본요율이다.

3) 하자보증

하자보증이란 건설공사계약, 납품계약 등 각종 계약의 준공검사 또는 검수 후 하자담보 책임기간 동안 하자보수 또는 보완을 위해 납부하는 하자보증금의 지급을 보증하는 것이다. 즉, 각종 계약에 따른 하자보증 시 하자보증금에 해당하는 보험증서를 발급받아 제출함으로써 자금조달 부담을 줄일 수 있는 상품이다.

각종 계약에 따른 하자보수 의무자가 보험계약자이며, 각종 계약에 따라 하자보증금을 받아야 할 당사자를 피보험자로 하여 보증서 발급을 신청하게 된다.

보증내용은 '하자보수 또는 보완청구를 받았음에도 보험계약자(수주자)가 이를 이행하지 않음으로써 피보험자(발주자)가 입게 되는 손해'이다.

기업회생! 내가 좀 알려줘?

가입금액은 하자보증금 해당액 이상이며, 보험기간은 물품검수 또는 준공검사 필한 날부터 하자보수 책임 종료일까지이다. 보험요율은 0.021~1.019%가 기본요율이다.

4) 이행보증
===

이행(상품판매대금) · 외상물품 보증이란 외상으로 구매한 물품 대금 지급의무를 보증하는 상품으로, 각종 물품매매계약에 따른 물품(외상)판매대금에 대한 담보를 대신하여 활용되는 보증이다.

즉, 각종 물품매매계약에 따른 외상보증금에 해당하는 보험 증서를 발급받아 제출함으로써 자금조달 부담을 줄일 수 있는 상품이다. 도 · 소매상 등 외상물품 구매자가 보험계약자이며, 물품판매(공급)자를 피보험자로 하여 보증서 발급을 신청하게 된다.

보증내용은 '각종 물품매매계약에서 물품대금 지급채무를 지는 채무자(보험계약자)가 계약에서 정한 대금 지급채무를 이행하지 아니함으로써 채권자(피보험자)가 입게 되는 손해'이다.

가입금액은 피보험자가 요구하는 금액이며, 보험기간은 피보험자가 요구하는 기간으로서 통상 1년 단위로 갱신하게 된다. 보험요율은 기업의 경우 연 0.440~4.106%가 기본요율이다.

5) 차액보증

차액보증이란, 일반 상거래가 아닌 '국가를 당사자로 하는 계약에 관한 법률'에 의거 국가나 지방자치단체, 공공기관의 용역 및 물품입찰 시에 입찰 참가하는 회생기업의 입찰가격과 발주처의 예정가(기관 내부 기준가격)의 차액에 대해 발주처 담당자가 보증을 요구할 때 필요한 '차액보증'을 제공하는 상품이다.

6) 인허가보증

인허가보증이란, 인가 · 허가 · 면허 · 승인 · 특허 · 등록 등의 출원자가 허가관청에 예치하여야 할 각종 인 · 허가보증금(예치금)에 대신하여 활용되는 상품이다. 인허가보증금 납부의무자가 보험계약자이며, 보험기간은 통상 인 · 허가 기간으로 하며, 관계법령에 보험기간을 정하는 규정이 따로 있을 때에는 이에 따른다.

상품 종류에는 '건축안전, 방치폐기물, 대부업 등록, 여행알선,

부동산 중개, 형질변경, 폐기물관리, 단지 선분양, 골재복구, 산림 훼손, 토석채취' 등 다양한 인허가보증이 있다.

보증내용은 '인허가 등을 받은 회생기업(보험계약자)이 인허가·특허·면허 등의 제반 조건을 이행하지 아니하거나, 관계법규를 위반함으로써 허가관청(피보험자)이나 제3자가 입은 재산상의 손해'이다. 보험요율은 연 0.015~0.402%가 기본요율이다.

추가적인 자세한 내용은 SGI서울보증 홈페이지(www.sgic.co.kr)를 참고하거나, SGI서울보증 경영지원실 내 중기·서민지원팀(02-3671-7062, 02-3671-7063)을 통해 안내받을 수 있다.

마.

연합자산관리주식회사(유암코)[26] 의 회생지원제도[27]

1) 회생인가 전·후 M&A를 통한 회생기업 인수 및 신규자금 지원

2) 회생담보권 변제 목적의 비업무용 또는 업무용 자산의 매수

3) 자산 매입 후 임대(Sale & Lease back) 방식을 통하여 회생담보권 변제 등 회생계획 수행 지원

4) 신규자금 일부를 포함, 회생담보권의 대환 대출 등

유암코 제도
안내 페이지

---

26 09.10.1 농협은행, 신한은행, 우리은행, KEB하나은행, 기업은행, 국민은행, 한국산업은행, 한국수출입은행이 출자하여 설립한 기업구조조정 및 부실채권정리 전문회사

27 서울회생법원 홈페이지 자료

바.
신용보증기금의
회생지원제도[28]

    채무자 회생법에 따른 회생절차를 진행 중인 회생기업의 경영권을 인수하고자 하는 기업을 상대로 인수대금 지급보증을 지원하고 있다. 보증한도는 최대 30억 원이며, 만일 기업이 지식기반기업 또는 녹색성장산업 영위 기업인 경우 70억 원까지도 지급보증을 하고 있으며, 보증기간은 5년 이상 장기로 운영하고 있다.

---

28   서울회생법원 및 신용보증기금 홈페이지 자료

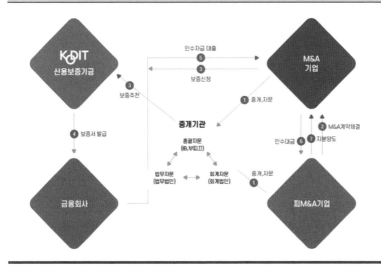

〈신용보증기금 M&A 보증구조〉

KDIT 신용보증기금

M&A 기업

① 인수자금 대출
③ 보증신청
③ 보증추천
④ 보증서 발급

중개기관

총괄자문
(IB,부띠끄)

법무자문
(법무법인)

회계자문
(회계법인)

① 중개,자문

② M&A계약체결

⑦ 지분양도

인수대금 ⑥

금융회사

피M&A기업

중개,자문 ①

---

1) 중소기업 대상 '신속 금융지원 프로그램'

당초 KIKO사태[29]로 인해 2016년 12월 도입한 5년짜리 한시적

---

29 KIKO(Knock In Knock Out: 키코)는 환율 변동으로 인한 위험을 줄이기 위해 만들어진 파생상품이다. 수출입이나 외화대출이 있는 기업은 환율 변동으로 인한 위험에 대비 통상 선물환 등을 통해 환율변동 위험을 대비한다. 하지만, 키코는 환위험 헤지를 넘어 일정 범위 이상 변동 시 무한대의 손실을 볼 수 있는 옵션상품으로 기업이 완전히 그 위험을 인지하지 못한 상태에서 가입함으로써 문제가 발생했다.

2006년 달러당 900원대이던 환율이 2008년 미국발 글로벌 금융위기로 1,500원대까지 약 166.7% 오르면서 2010년 6월 기준 총 738개 중소기업이 3조 2,247억 원의 손실을 입었다. 이로 인한 폐해가 커지자 정부는 2016년 12월 '중소기업 유동성 지원을 위한 신속 금융지원 프로그램(구 Fast-Track)'을 도입해 실행했다.

대상은 당초 신용등급이 A인 우량기업이 키코로 인해 일시적 유동성 문제가 있어 B등급을 받았을 경우 거래은행 영업점을 통해 접수받아 신규자금 지원, 대환, 만기연장, 이자감 프로그램이었으나, 코로나 사태로 인해 연장되어 **현재 22.12.31. 까지 유효**하다.

기본적으로 국내·외 금융시장 불안 등으로 일시적 유동성 부족에 직면해 경영상 어려움을 겪고 있는 정상 중소기업에 대해 유동성을 신속히 지원하는 프로그램이다.

각 은행별 채권액 10억 이상인 기업이 대상이나, KIKO 등 통화옵션거래 손실기업은 채권액에 상관없이 신청가능하다.

평가를 원하는 중소기업이 거래영업점이나 각 은행(국내 17개 은행[30]과 신용보증기금, 기술보증기금) 본점에 설치된 '유동성 지원반'에 신청하면 신청일로부터 10영업일 이내에 은행은 신용위험을 평가한다. 이후, 각 은행은 신용위험평가 결과에 따라 기업을 A·B·C·D 등급으로 분류하고, 이 중 B등급 기업을 지원 대상으로 한다.

신용보증기금과 기술보증기금은 신속 금융지원 프로그램을 적

면 등을 제공한다.

[30]   신한, 우리, SC, KEB하나, 한국씨티, 국민, 대구, 부산, 광주, 제주, 전북, 전남, 경남, 한국산업, IBK중소기업, 한국수출입, 농협, 수협은행

용하는 중소기업에 신규로 지원하는 은행자금에 대해 유동성 지원 특별보증을 공급하며, 경영개선노력에 대한 인센티브를 제공하기 위해 특별보증 지원기업의 재무여건 등이 개선되는 경우 보증료율 등을 우대한다.

지원내용은 신규여신, KIKO 등 손실 청산금의 대출전환, 보유채권에 대한 만기 연장, 이자 감면, 이자율 인하 등의 방법으로 대상 기업 선정일로부터 1개월 이내에 신속히 유동성을 지원하게 된다.

이를 통해 2017~2021년 동안 총 594개 중소기업이 4조 7,000억 원의 만기연장, 상환유예, 금리감면 등을 지원받았다. 은행권은 최대 4년간 만기연장 및 상환유예를 지원히고, 필요 시 금리를 1~2% 포인트 감면하는 등 중소기업의 금융부담 경감을 적극 지원하고 있다.

〈신속 지원프로그램 흐름도〉

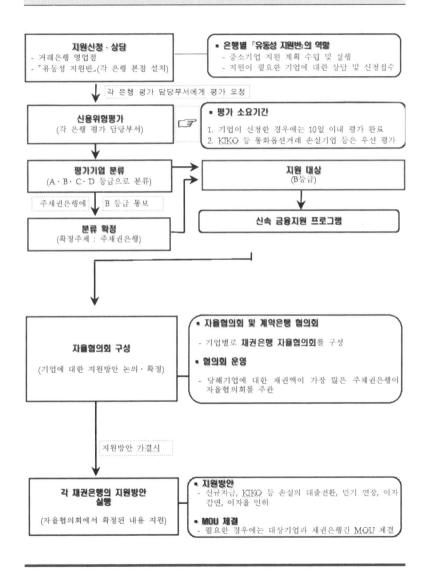

지원신청 · 상담
- 거래은행 영업점
- 「유동성 지원반」(각 은행 본점 설치)

▪ 은행별 「유동성 지원반」의 역할
- 중소기업 지원 계획 수립 및 실행
- 지원이 필요한 기업에 대한 상담 및 신청접수

각 은행 평가 담당부서에게 평가 요청

신용위험평가
(각 은행 평가 담당부서)

▪ 평가 소요기간
1. 기업이 신청한 경우에는 10일 이내 평가 완료
2. KIKO 등 통화옵션거래 손실기업 등은 우선 평가

평가기업 분류
(A · B · C · D 등급으로 분류)

주채권은행에 B등급 통보

분류 확정
(확정주체 : 주채권은행)

지원 대상
(B등급)

신속 금융지원 프로그램

자율협의회 구성
(기업에 대한 지원방안 논의 · 확정)

▪ 자율협의회 및 계약은행 협의회
- 기업별로 채권은행 자율협의회를 구성

▪ 협의회 운영
- 당해기업에 대한 채권액이 가장 많은 주채권은행이 자율협의회를 주관

지원방안 가결시

각 채권은행의 지원방안 실행
(자율협의회에서 확정된 내용 지원)

▪ 지원방안
- 신규자금, KIKO 등 손실의 대출전환, 만기 연장, 이자 감면, 이자율 인하

▪ MOU 체결
- 필요한 경우에는 대상기업과 채권은행간 MOU 체결

2) 중소기업 대상 '프리 워크아웃'

채권은행 단독으로 일시적 경영 애로 중소기업에 대해 만기 연장, 신규 자금 등을 지원하며, 기업은 자구계획을 이행

- 신속 금융지원이 은행 간 협약에 따른 '공동지원' 중심인 반면, 프리워크아웃은 각 은행이 내규에 따라 '단독지원'하는 제도

- 은행은 내부 신용등급, 대출금액 등 일정 요건에 해당되는 부실우려 중소기업을 대상으로 지원하며, 세부 적용요건은 은행별로 다소 상이

PART 5

기업회생 신청하기

가.

어디에 신청해야 하나?

자, 이제 전문가의 도움을 받아 회생을 위한 사전 정리작업도 마쳤고, 각종 지원제도도 숙지를 했다. 이제 어디에 회생을 신청해야 할까?

회생절차는 각 법원 파산부에 방문하여 신청할 수 있다. 가까운 아무 법원이나 모두 가능한 것은 아니고 채무자 회생법상에 신청 가능한 법원의 조건이 나열되어 있다(관할법원). 물론, 엉뚱한 법원에 신청한다 해서 기각당하는 것은 아니지만, 업무 이관절차 등 시간적인 면을 고려하면 한 번에 정확히 찾아 접수하는 편이 낫다.

채무자 회생법에 따르면, 채무자의 보통 재판적이 있는 곳, 채무자의 주된 사무소나 영업소, 재산이 있는 곳 등 사실상 접수 가능한 법원이 여러 곳이므로 자신의 형편과 방향에 맞게 골라서 접수할 수 있다.[31]

---

31 **회생개시 신청 관할법원 관련 채무자 회생법 조항**
제3조(재판관할)
① 회생사건, 간이회생사건 및 파산사건 또는 개인회생사건은 다음 각 호의 어느 한 곳을 관할하는 회생법원의 관할에 전속한다.
  1. 채무자의 보통재판적이 있는 곳
  2. 채무자의 주된 사무소나 영업소가 있는 곳 또는 채무자가 계속하여 근무하는 사무소나 영업소가 있는 곳
  3. 제1호 또는 제2호에 해당하는 곳이 없는 경우에는 채무자의 재산이 있는 곳(채권의 경우에는 재판상의 청구를 할 수 있는 곳을 말한다)
② 제1항에도 불구하고 회생사건 및 파산사건은 채무자의 주된 사무소 또는 영업소의 소재지를 관할하는 고등법원 소재지의 회생법원에도 신청할 수 있다.
③ 제1항에도 불구하고 다음 각 호의 신청은 다음 각 호의 구분에 따른 회생법원에도 할 수 있다.
  1. 「독점규제 및 공정거래에 관한 법률」 제2조 제12호에 따른 계열회사에 대한 회생사건 또는 파산사건이 계속되어 있는 경우 계열회사 중 다른 회사에 대한 회생절차개시 · 간이회생절차개시의 신청 또는 파산신청: 그 계열회사에 대한 회생사건 또는 파산사건이 계속되어 있는 회생법원
  2. 법인에 대한 회생사건 또는 파산사건이 계속되어 있는 경우 그 법인의 대표자에 대한 회생절차개시 · 간이회생절차개시의 신청, 파산신청 또는 개인회생절차개시의 신청: 그 법인에 대한 회생사건 또는 파산사건이 계속되어 있는 회생법원
  3. 다음 각 목의 어느 하나에 해당하는 자에 대한 회생사건, 파산사건 또는 개인회생사건이 계속되어 있는 경우 그 목에 규정된 다른 자에 대한 회생절차개시 · 간이회생절차개시의 신청, 파산신청 또는 개인회생절차개시의 신청: 그 회생사건, 파산사건 또는 개인회생사건이 계속되어 있는 회생법원
    가. 주 채무자 및 보증인
    나. 채무자 및 그와 함께 동일한 채무를 부담하는 자
    다. 부부
④ 제1항에도 불구하고 채권자의 수가 300인 이상으로서 대통령령으로 정하는 금액 이상의 채무를 부담하는 법인에 대한 회생사건 및 파산사건은 서울회생법원에도 신청할 수 있다.
⑤ 개인이 아닌 채무자에 대한 회생사건 또는 파산사건은 제1항부터 제4항까지의 규정에 따른 회생법원의 합의부의 관할에 전속한다.
⑥ 상속재산에 관한 파산사건은 상속 개시지를 관할하는 회생법원의 관할에 전속한다.
⑦ 「신탁법」 제114조에 따라 설정된 유한책임신탁에 속하는 재산(이하 '유한책임신탁재산'이라 한다)에 관한 파산사건은 수탁자의 보통 재판적 소재지(수탁자가 여럿인 경우에는 그중 1인의 보

법원의 선택이 중요한 것은, 법원별로 업무처리 분위기가 상당히 달라서 회생개시결정 및 조기종결, 채권자와의 관계 등 상당히 큰 편차가 있어 회생의 성공적 마무리에 결정적인 차이가 있을 수 있다는 것이다.

기본적으로 회생신청기업들이 많아 업무량이 많은 서울회생법원과 수원지방법원 등은 개시결정 후 매우 신속하게 조기종결(수개월 내)을 결정하는 경우가 상당히 많으며, 일부 지방법원의 경우 수년간 법원에서 관리하면서 회생계획의 이행을 세심하게 관리하기도 한다.

회생을 통해 재무구조가 조정되어 조속히 정상기업으로 복귀하고 싶은 회사의 경우 조기종결을 신속히 해주는 법원을 선택하는 것이 유리할 수 있으며, 법원 관리하에서 긴 호흡을 가지고 정리해야 할 기업은 보수적인 법원을 선택하는 것이 상대적으로 유리한 판단이 될 수 있다.

통 재판적 소재지를 말한다)를 관할하는 회생법원의 관할에 전속한다.
⑧ 제7항에 따른 관할법원이 없는 경우에는 유한책임신탁재산의 소재지(채권의 경우에는 재판상의 청구를 할 수 있는 곳을 그 소재지로 본다)를 관할하는 회생법원의 관할에 전속한다.
⑨ 삭제
⑩ 제1항에도 불구하고 제579조 제1호에 따른 개인채무자의 보통재판적 소재지가 강릉시 · 동해시 · 삼척시 · 속초시 · 양양군 · 고성군인 경우에 그 개인채무자에 대한 파산선고 또는 개인회생절차개시의 신청은 춘천지방법원 강릉지원에도 할 수 있다.

나.

어떻게 신청해야 하나?

　기업회생은 국세청, 지방 세무서, 국민연금관리공단, 은행, 상
거래 채권자 등 적게는 수십 명에서 많게는 수백, 수천 명의 이해
관계인이 얽혀 있는 절차이다. 또한 접근 방법에 따라 면제받을 수
있는 세금이나 채권이 공익채권이나 회생담보권으로 확정되어 회
생하려다 결국 파산으로 가는 안타까운 상황이 벌어질 수도 있는
매우 중요한 이벤트이다.

　따라서 가능한 법인회생 경험이 많은 변호사를 만나는 것이 중
요하고 또한, 회생신청 시 공탁금 비용[32]이 부담스러울 정도로 상

32　**회생절차 신청서 및 비용 등 신청관련 채무자 회생법 조항**
　　제36조(신청서)
　　회생절차개시의 신청은 다음 각 호의 사항을 기재한 서면으로 하여야 한다.

당할 수 있으므로(수백만 원에서 수천만 원) 기업회생 신청 전에 중소벤처기업진흥공단의 '기업회생컨설팅 사업'을 지원[33]하는 것을 적극 권장한다.

1. 신청인 및 그 법정대리인의 성명 및 주소
2. 채무자가 개인인 경우에는 채무자의 성명·주민등록번호(주민등록번호가 없는 사람의 경우에는 외국인등록번호 또는 국내거소 번호를 말한다. 이하 같다) 및 주소
3. 채무자가 개인이 아닌 경우에는 채무자의 상호, 주된 사무소 또는 영업소(외국에 주된 사무소 또는 영업소가 있는 때에는 대한민국에 있는 주된 사무소 또는 영업소를 말한다)의 소재지, 채무자의 대표자(외국에 주된 사무소 또는 영업소가 있는 때에는 대한민국에서의 대표자를 말한다. 이하 같다)의 성명
4. 신청의 취지
5. 회생절차개시의 원인
6. 채무자의 사업목적과 업무의 상황
7. 채무자의 발행주식 또는 출자지분의 총수, 자본의 액과 자산, 부채 그 밖의 재산상태
8. 채무자의 재산에 관한 다른 절차 또는 처분으로서 신청인이 알고 있는 것
9. 회생계획에 관하여 신청인에게 의견이 있는 때에는 그 의견
10. 채권자가 회생절차개시를 신청하는 때에는 그가 가진 채권의 액과 원인
11. 주주·지분권자가 회생절차개시를 신청하는 때에는 그가 가진 주식 또는 출자지분의 수 또는 액

제37조(서류의 비치)
회생절차개시의 신청에 관한 서류는 이해관계인의 열람을 위하여 법원에 비치하여야 한다.

제38조(소명)
① 회생절차개시의 신청을 하는 자는 회생절차개시의 원인인 사실을 소명하여야 한다. 이 경우 채무자에 대하여 제628조 제1호의 규정에 의한 외국도산절차가 진행되고 있는 때에는 그 채무자에게 파산의 원인인 사실이 있는 것으로 추정한다.
② 채권자·주주·지분권자가 회생절차개시의 신청을 하는 때에는 그가 가진 채권의 액 또는 주식이나 출자지분의 수 또는 액도 소명하여야 한다.

제39조(비용의 예납 등)
① 회생절차개시의 신청을 하는 때에는 신청인은 회생절차의 비용을 미리 납부하여야 한다.
② 제1항의 규정에 의한 비용은 사건의 대소 등을 고려하여 법원이 정한다. 이 경우 채무자 외의 자가 신청을 하는 때에는 회생절차개시 후의 비용에 관하여 채무자의 재산에서 지급할 수 있는 금액도 고려하여야 한다.
③ 채무자 외의 자가 회생절차개시를 신청하여 회생절차개시결정이 있는 때에는 신청인은 채무자의 재산으로부터 제1항의 규정에 의하여 납부한 비용을 상환받을 수 있다.
④ 제3항의 규정에 의한 신청인의 비용상환 청구권은 공익채권으로 한다.

[33] 중소기업 혁신바우처 플랫폼(www.mssmiv.com) 참고

다.
기업회생 신청 후 발생하는 일

회생절차 개시신청 후 그 개시 전에 채무자의 재산은닉이나 무분별한 재산처분을 막고 채권자의 개별적 권리행사를 금지함으로써 채무자 재산의 흩어짐을 방지할 필요가 있다.

채무자에 대하여 일정한 행위를 제한함으로써 위 목적을 달성하기 위한 제도로 보전처분 · 보전관리명령이 있고(법 제43조), 채무자의 채권자 등 제3자에 대하여 강제적인 권리실현을 금지하는 제도로 중지 또는 취소명령, 포괄적 금지명령이 있다(법 제44조, 제45조).

1) 거래은행 등 채권자의 상계처리

회생신청을 하게 되면, 모든 채권자들 사이에 해당 사실이 알려지면서 거래은행에서는 기존 대출과 은행 내 예금의 상계가 이루어지게 된다. 법에 따라 은행 등 회생기업 채권자는 회생채권신고기간 만료 전까지 상계가 이루어지게 되므로, 회생신청 전에 필요한 현금 확보 노력에 신경을 쓸 필요가 있다.

특히, 보험사의 보험약관 담보대출은 '보험해약 환급금의 선급금 성격'으로 해석되고 있어, 회생 기간 중 제한 없이 언제든 상계처리가 가능하다.

2) 기계기구 등 리스물건의 회수

리스는 기본적으로 소유권은 리스사에 있고, 기업이 일정 사용료를 내고 점유하여 사용하는 금융상품이다. 하지만, 리스에는 원래의 의미대로 빌려 쓰는 운용리스와, 사실상 할부 금융 형태의 금융리스 2가지가 있다.

이 중 운용리스는 임대차의 성격을 띠고 있어, 회생절차에서 쌍방 미이행 쌍무계약[34]의 법리로 처리하게 된다. 따라서 관리인과 상호 협의하여 처리하면 된다.

문제는 금융리스인데, 일단 운용리스와 금융리스의 경계 자체가 확실하지 않아 문제가 될 때가 많다. 금융리스의 경우, 형식은 임대차이나 실질은 자금대여 성격이어서, 기본적으로 회생개시결정 전에는 계약을 해지하기로 하면 환취권 대상이 된다. 하지만, 개시결정 후 계약을 해지하기로 하면 감정평가액 상당액은 담보채권으로, 초과액은 회생채권으로 분류되고 물건은 반환할 필요는 없다.

---

34 **채무자 회생법**
제119조(쌍방 미이행 쌍무계약에 관한 선택)
① 쌍무계약에 관하여 채무자와 그 상대방이 모두 회생절차개시 당시에 아직 그 이행을 완료하지 아니한 때에는 관리인은 계약을 해제 또는 해지하거나 채무자의 채무를 이행하고 상대방의 채무이행을 청구할 수 있다. 다만, 관리인은 회생계획안 심리를 위한 관계인집회가 끝난 후 또는 제240조의 규정에 의한 서면결의에 부치는 결정이 있은 후에는 계약을 해제 또는 해지할 수 없다.
② 제1항의 경우 상대방은 관리인에 대하여 계약의 해제나 해지 또는 그 이행의 여부를 확답할 것을 최고할 수 있다. 이 경우 관리인이 그 최고를 받은 후 30일 이내에 확답을 하지 아니하는 때에는 관리인은 제1항의 규정에 의한 해제권 또는 해지권을 포기한 것으로 본다.
③ 법원은 관리인 또는 상대방의 신청에 의하거나 직권으로 제2항의 규정에 의한 기간을 늘이거나 줄일 수 있다.
④ 제1항 내지 제3항의 규정은 단체협약에 관하여는 적용하지 아니한다.
⑤ 제1항에 따라 관리인이 국가를 상대방으로 하는 「방위사업법」 제3조에 따른 방위력개선사업 관련 계약을 해제 또는 해지하고자 하는 경우 방위사업청장과 협의하여야 한다.

3) 보전처분 및 포괄적 금지명령

통상 기업회생 신청 후 1주일정도 지나면 회생기업 및 관련 채권자들에게 보전처분 및 포괄적 금지명령이 내려진다. 이를 위해 통상 개시신청 시 개시신청서와 함께 보전처분신청서, 개별(강제집행) 중지명령 신청서, 포괄적 금지명령 신청서를 제출하게 된다.

법원은 채무기업 대표자를 법원에 불러 재산보전처분에 대한 주의사항을 설명해 주기도 한다. 즉, 회생기업에게는 채권자에 대한 상환을 중지하고 보유 현금 등 자산을 잘 보전하라는 명령과 함께, 회생담보권자와 회생채권자들에게는 채권의 추심 및 이를 위한 강제집행, 소송 등을 금지하라는 명령이 내려오게 되고, 모든 관련 강제집행절차가 중단된다.

그렇기 때문에 일부 회생절차를 악용하고자 하는 기업 중에는 강제집행절차를 중단하고, 한숨 돌리면서 일부 자산을 챙기려는 생각으로 일단 회생절차를 신청하는 경우도 있다.

하지만, 기업회생을 신청하기 전에 알아야 할 사항은 첫째, 포괄적 금지명령이 100% 내려지는 것이 아니고, 둘째로, 내려진다 하더라도 모든 채권자의 강제집행이 금지되는 것이 아니라는 것이다. 위에 언급했듯이 경매중단 등의 법률효과만을 기대하고 실질적 회생계획 없이 신청할 경우 정작 개시결정 때까지 포괄적 금지명령이 나지 않을 수도 있다.

또한, 포괄적 금지명령은 회생담보권 및 회생채권에 기한 강제집행 및 소송만을 대상으로 금지 · 중지 · 취소 효과가 발생한다.

따라서 소유권에 기한 환취권(빌려준 물건 돌려받는 것) 및 공익채권(임금 · 퇴직금 · 계속거래 채무 등)에 기한 강제집행은 막을 수 없다.

그러므로, 직원에 대한 임금이나 퇴직금 등을 체납한 상태에서 회생을 신청하게 되면, 기업의 회생절차상에 상당한 장애가 될 수도 있다.

다만, 채무자 회생법[35]에 따라 공익채권에 기한 강제집행 등이

---

35 제180조(공익채권의 변제 등)
  ① 공익채권은 회생절차에 의하지 아니하고 수시로 변제한다.
  ② 공익채권은 회생채권과 회생담보권에 우선하여 변제한다.
  ③ 법원은 다음 각 호의 어느 하나에 해당하는 때에는 관리인의 신청에 의하거나 직권으로 담보를 제공하게 하거나 담보를 제공하게 하지 아니하고 공익채권에 기하여 채무자의 재산에 대하여 한 강제집행 또는 가압류의 중지나 취소를 명할 수 있다.
    1. 그 강제집행 또는 가압류가 회생에 현저하게 지장을 초래하고 채무자에게 환가하기 쉬운 다른 재산이 있는 때
    2. 채무자의 재산이 공익채권의 총액을 변제하기에 부족한 것이 명백하게 된 때
  ④ 법원은 제3항의 규정에 의한 중지명령을 변경하거나 취소할 수 있다.
  ⑤ 제3항의 규정에 의한 중지 또는 취소의 명령과 제4항의 규정에 의한 결정에 대하여는 즉시항고

회생절차에 현저한 지장을 주거나, 환가하기 쉬운 다른 재산이 있는 경우, 공익채권 총액을 변제하기에 자금이 부족한 경우 공익채권에 기한 강제집행을 중지 · 취소할 수 있다.

이때, 법원은 금융위원회위원장, 국세청장, 지방세무서장, 국민건강보험공단, 관세청장, 근로복지공단, 국민연금공단, 보건복지부, 시청, 도청 등에 법인회생이 접수되었다는 통지서를 발송한다. 곧 회생절차가 개시되니 가지고 있는 모든 채권을 점검하고 준비하라는 안내서인 셈이다.

또한, 법원은 회생신청법인 또는 그 대리인에 비용예납명령을 발송해 개시결정 전 회생절차관련 제 비용을 선납하도록 요구한다.

를 할 수 있다.

⑥ 제5항의 즉시항고는 집행정지의 효력이 없다.

⑦ 채무자의 재산이 공익채권의 총액을 변제하기에 부족한 것이 명백하게 된 때에는 제179조 제1항 제5호 및 제12호의 청구권 중에서 채무자의 사업을 계속하기 위하여 법원의 허가를 받아 차입한 자금에 관한 채권을 우선적으로 변제하고 그 밖의 공익채권은 법령에 정하는 우선권에 불구하고 아직 변제하지 아니한 채권액의 비율에 따라 변제한다. 다만, 공익채권을 위한 유치권 · 질권 · 저당권 · 「동산 · 채권 등의 담보에 관한 법률」에 따른 담보권 · 전세권 및 우선특권의 효력에는 영향을 미치지 아니한다.

4) 대표자 심문

통상 보전처분 및 보괄적 금지명령 후 1주일 후에 법원에서는 대표자 심문절차가 진행된다. 사전에 대표자 심문서를 작성하여 제출하게 되는데, 이때 대표자의 급여 등 세부적인 회생기업 운용계획이 들어가게 된다. 문제는, 대표자의 급여가 높으면 규모가 작은 기업의 경우 회생채권의 변제율이 낮아지게 되고, 급여가 낮으면 추후 대표자의 일반회생 신청 시 채권 변제율이 낮아서 일반회생계획을 인가 받기 힘들어 결국 개인파산으로 귀결될 가능성도 있다는 것이다.

대표자 급여수준이 문제 되는 것은, 회생진행 시 법인카드 사용 제한 등 자금의 압박이 커서 사실상 사재를 사용해야 하는 경우가 많아 회생기간 동안 대표자의 정상적인 사생활이 보장이 안 될 가능성이 매우 높으며, 이외에도 회생절차 실패 또는 사정상 폐업 시 가지급금 해결을 통한 절세테크닉을 활용 못 해 폐업을 못 하고 방치하게 되는 경우도 있기 때문이다.

따라서 관리위원 등과 협의하여 가능한 대표자 급여는 적정금액을 유지하도록 노력해야 회생개시 이후의 모든 절차에서 장애발생 가능성을 낮출 수 있다.

기업회생! 내가 좀 알려줘?

5) 개시결정

법원은 회생절차 개시의 원인인 사실이 있다고 인정되고, 달리 신청기각사유가 없는 경우에는 회생절차 개시결정을 하고(법 제49조), 개시결정이 주문, 관리인의 성명 등을 공고하며, 알고 있는 회생채권자 등에게 위 사항 등을 기재한 서면을 송달하여야 한다(법제51조). 회생절차가 개시된 후에는 회생채권자나 회생담보권자는 원칙적으로 회생계획에 규정한 바에 따르지 아니하고는 변제를 받을 수 없게 된다(법 제131조, 제141조 제2항).

대표자 심문절차 이후, 보정절차 등을 통해 회생개시결정의 장애사유가 모두 해소되면 법원은 대표자를 법원에 불러 개시결정문을 발급하고 동시에 대표자를 회생기업의 기업회생관리인으로 임명하는 임명장을 수여한다. 실무적으로는 사전에 법원에서 개시결정 당일에 기존에 사용하던 법인인감과 새로 사용할 관리인 법인인감을 가져오라는 통지를 받게 된다.

회생기업의 '법률상관리인'으로 임명을 받게 되면 모든 것이 바뀐다.

회생절차 개시 후 법원의 허가사항에 대한 채무자 회생법 조항

제61조(법원의 허가를 받아야 하는 행위)

① 법원은 필요하다고 인정하는 때에는 관리인이 다음 각 호의 어느 하나에 해당하는 행위를 하고자 하는 때에 법원의 허가를 받도록 할 수 있다.

　1. 재산의 처분
　2. 재산의 양수
　3. 자금의 차입 등 차재
　4. 제119조의 규정에 의한 계약의 해제 또는 해지
　5. 소의 제기
　6. 화해 또는 중재계약
　7. 권리의 포기
　8. 공익채권 또는 환취권의 승인
　9. 그 밖에 법원이 지정하는 행위

② 관리인은 법원의 허가를 받지 아니하고는 다음 각 호의 행위를 하지 못한다.

　1. 채무자의 영업 또는 재산을 양수하는 행위
　2. 채무자에 대하여 자기의 영업 또는 재산을 양도하는 행위
　3. 그 밖에 자기 또는 제3자를 위하여 채무자와 거래하는 행위

③ 법원의 허가를 받지 아니하고 한 제1항 각 호 또는 제2항 각 호의 행위는 무효로 한다. 다만, 선의의 제3자에게 대항하지 못한다.

　기존 인감은 봉인하여 보관하고, 새로운 법인인감을 제작해 사용해야 하며, 명함도 관리인으로 새로 만들어야 하며, 새로운 거래용 계좌를 만들어 신고하고, 법인카드 또한 신용기능이 없는 직불

카드로 바뀌게 된다(신용카드 사용도 채무자 회생법에 따른 신규대출(새로운 차재)로 허가대상이다).

일부 법원은 다음의 채무자의 지출행위에 대해 사전에 포괄적으로 허가하고 있다(서울회생법원 기준).

- 제조업체의 경우 원자재 구입, 외식업체의 경우 식자재 구입 등 채무자의 영업을 위해 지속적, 반복적으로 이루어지는 지출행위
- 거래의 특성상 현장에서 즉시 현금결제가 이루어지는 지출행위
- 근로자의 급여(임원 급여 제외) 지급, 사무실과 공장의 월차임 지급행위 등과 같은 채무자의 영업을 위한 일상적 지출행위
- 기타 회생절차의 효율적 진행을 위해 포괄적 허가가 필요한 지출행위
- 단, 허가 기준금액은 매입세금계산서 기준으로서, 이에 대한 지급도 정확히 세금계산서 금액과 일치해야 한다. 예를 들어 세금계산서가 600만 원인데, 허가 절차를 건너뛰기 위해 또는 실수로 300만 원씩 두 번 지급할 경우 법원의 제재를 받을 수 있다.

연간 매출액에 따른 허가 필요 금액의 기준 - 서울회생법원	
연간 매출액	기준액
100억 원 이하	500만 원
100억 원 초과 500억 원 이하	1,000만 원
500억 원 초과 1,000억 원 이하	2,000만 원
1,000억 원 초과 5,000억 원 이하	3,000만 원
5,000억 원 초과	5,000만 원

회생절차 개시결정 후 회생계획안의 작성을 위한 전제로서 관리인에 의한 회생채권자, 회생담보권자, 주주·지분권자의 목록제출과 회생체권, 회생담보권, 주식·출자지분의 신고 및 이에 대한 조사·확정의 절차가 뒤따르게 된다. 채권조사는 관리인이 목록에 기재되거나 신고 된 채권의 내용과 액수 등을 기재하고 그 기재 내용을 시인 또는 부인하는 내용의 시부인표를 채권조사기간에 제출하는 방법에 의한다. 목록에 기재되거나 신고 된 회생채권자, 회생담보권자, 주주·지분권자만이 의결권을 행사할 수 있고, 목록에 기재되거나 신고 된 회생채권자, 회생담보권자만이 회생계획에 의하여 변제를 받을 자격이 부여된다.

기업회생! 내가 좀 알려줘?

PART 6

회생계획안
작성 및 제출

가.

조사보고서 작성

시후 법원이 고용한 조사위원이 회생법인의 실사 및 재무제표 검토를 통해 회생법인의 청산가치와 계속기업 가치를 비교해 회생 절차 지속여부를 결정하는 조사보고서를 작성하게 된다.

일반적으로 조사위원은 법원 관할지역 내 회계법인이 담당하며, 이때 실행되는 실사 및 재무제표 검토는 통상의 회계감사와는 많이 다르다. 통상의 회계감사는 회계준칙의 준수여부 등을 중심으로 감가상각 적정성, 재고자산 개수, 채무 현황 등 기본적으로 재무제표 및 보유자산에 대한 신뢰를 갖고 진행되는 경우가 많다.

하지만, 회생기업의 조사보고서는 모든 것을 의심을 가지고 실질적으로 현금이 오갈 수 있는지에 초점이 맞춰져 있다. 즉, 자산과 자본을 모두 '실질적으로' 평가하여 작성한 수정 재무제표를 작성하게 된다. 감가상각이 거의 안 된 공장도 오늘 경매를 한다면 얼마에 낙찰될 수 있는 가로, 장기간 미회수된 매출채권은 사실상 0원으로, 증빙이 부족한 가지급금은 주주·임원·종업원 단기대여금(일명 '주임종 단기대여금')으로 처리하는 등 모든 자산을 철저히 단기 현금화 가능성에 맞춰 재조정한다.

또한, 이때 작성된 조사보고서를 기초로 회생계획안이 작성되어야 하므로, 관리인(기존 대표이사)은 조사위원과 잘 협조하여 최대한 공익채권을 축소하고, 조세채권이나 가지급금 등 공익 채권화 또는 변제율을 낮추는 요인들은 최대한 회생채권화 또는 자산화하여 회생기업의 생존성 강화를 위해 적극 행동해야 한다.

우리나라의 대부분의 중소기업은 엄밀한 회계기준의 잣대로 재단하면 분식회계로 판단될 가능성이 높다. 특히 금융회사 대출신청이나 연장을 위해 재무제표의 당기순이익을 실현하려는 열정을 내세우다 보면 재고자산 부풀리기나, 접대비·사채이자 등 세법상 증빙할 수 없는 가지급금이 많다. 또한, 만기가 1년 내로 돌아오는 장기대출을 유동부채로 전환을 안 해놓는 등 사실상 거의 대부분의 기업이 분식회계의 가능성을 품고 있다. 많은 중소기업에서 손실임에도 이익으로 분식을 하여 불필요한 법인세를 납부하며 대출을 연장하고 있는 것이 현실이다.

이런 경우, 회생신청 전에 회계사를 통해 가결산해서 법인세 환급신청 및 전기오류 수정 등 적극적인 회계장부 정리 작업을 진행해야 한다.

따라서 조사위원의 조사기간에 상당부분의 자산이 삭제되고 숨어있던 부채가 불어나 발가벗고 수영하다 물 빠지자 뻘쭘해지는 당황스러운 상황이 벌어지게 되는 것이다.

그러므로, 관리인은 CRO와 더불어 초반 조사기간에 조사위원과 적극 협조하여 채권단에 매력적인 회생계획을 만든다는 마음가짐으로 조사보고서 작성에 협조하고 간여해야 한다.

관리위원의 조사보고서가 제출되면, 관리인도 동 조사보고서를 토대로 별도의 조사보고서를 작성해 제출하게 되며, 따라서 두 조사보고서는 내용상 큰 차이가 없는 경우가 많다. 관리인의 조사보고서는 개시결정일로부터 4개월 이내에 제출되어야 한다.

조사위원의 보고서가 회생기업의 청산가치와 계속기업가치 비교에 초점이 있다면, 관리인의 조사보고서는

1) 채무자가 회생에 들어온 사정

2) 채무자의 업무 및 재산에 관한 사항

3) 보전처분 등이 필요한 사정

4) 이외 기업회생을 위해 필요한 사항 등을 상세히 서술하게 된다.

나.
제1회 관계인집회

    조사위원의 조사보고서와 관리인의 조사보고서가 법원에 제출 되고 나면, 관리인은 법원이 정한 기한까지 채무자가 회생절차의 개시에 이르게 된 사정 등을 법원과 관리위원회에 보고[36]하여야 하 는데, 법원은 필요하다고 인정하는 경우 관리인으로 하여금 위 사 항을 보고하게 하기 위한 관계인집회를 소집할 수 있으며, 이를

---

36   **제92조(관리인의 조사보고)**
    ① 관리인은 지체 없이 다음 각 호의 사항을 조사하여 법원이 정한 기한까지 법원과 관리위원회에 보고하여야 한다. 다만, 제223조 제4항에 따라 다음 각 호의 사항을 기재한 서면이 제출된 경우 에는 그러하지 아니하다.
      1. 채무자가 회생절차의 개시에 이르게 된 사정
      2. 채무자의 업무 및 재산에 관한 사항
      3. 제114조 제1항의 규정에 의한 보전처분 또는 제115조 제1항의 규정에 의한 조사확정재판을 필요로 하는 사정의 유무
      4. 그 밖에 채무자의 회생에 관하여 필요한 사항
    ② 제1항에 따라 법원이 정하는 기한은 회생절차 개시 결정일부터 4개월을 넘지 못한다. 다만, 법 원은 특별한 사정이 있는 경우에는 그 기한을 늦출 수 있다.

'보고 집회' 또는 '제1회 관계인집회'라 한다.

법원은 보고 집회를 소집할 필요성이 인정되지 않는 경우에는 관리인에게

① 주요사항 요지의 통지

② 관계인 설명회[37] 개최

③ 그 밖에 법원이 필요하다고 인정하는 적절한 조치

중 하나를 취할 것을 명하는데 이를 '대체절차'라 한다.

관리인이 대체절차를 취하는 경우에는 회생채권자 · 회생담보권자 등의 이해관계인에게 위 보고사항에 관한 의견을 법원에 서면으로 제출할 수 있다는 뜻을 통지[38]하여야 한다.

---

37 **제98조의2(관계인설명회)**
  ① 채무자(보전관리인이 선임되어 있는 경우에는 보전관리인을 포함한다. 이하 이 조에서 같다)는 회생절차의 개시 전에 회생채권자 · 회생담보권자 · 주주에게 다음 각 호의 사항에 관하여 설명하기 위하여 관계인설명회를 개최할 수 있다.
    1. 채무자의 업무 및 재산에 관한 현황
    2. 회생절차의 진행 현황
    3. 그 밖에 채무자의 회생에 필요한 사항
  ② 관리인은 회생절차의 개시 후에 제182조 제1항 각 호의 자에게 제92조 제1항 각 호에 규정된 사항에 관하여 설명하기 위하여 관계인설명회를 개최할 수 있다.
  ③ 채무자 또는 관리인은 제1항 또는 제2항의 관계인설명회를 개최한 경우에는 그 결과의 요지를 지체 없이 법원에 보고하여야 한다.

38 **제98조(관리인 보고를 위한 관계인집회)**
  ① 법원은 필요하다고 인정하는 경우 관리인으로 하여금 제92조 제1항 각 호에 규정된 사항에 관하여 보고하게 하기 위한 관계인집회를 소집할 수 있다. 이 경우 관리인은 제92조 제1항 각 호

실무적으로는 각 이해관계자에 문서로 통지하고 실제로는 열리지 않는 경우가 대부분이다.

채무자의 회생절차가 개시된 경우 채권자들은 회사의 현재의 경영상황은 어떠하며, 앞으로 회생절차가 어떻게 진행될 것인지, 채권자들이 보유한 채권은 얼마나 변제를 받을 수 있는지 등에 대해서 가능한 한 정확하고 상세한 정보를 받기를 기대한다. 채권자협의회 구성원이 아닌 경우에는 심리 및 결의 집회 전에는 충분한 정보를 받아보지 못한 상태이기 때문이다.

따라서 관리인은 법률에서 정한 사항은 기본으로 하고 기타 채권자가 궁금하게 생각하는 사항 등을 채권자에게 제공하고 설명하여야 한다.

에 규정된 사항의 요지를 관계인집회에 보고하여야 한다.
② 법원은 제1항의 관계인집회를 소집하게 할 필요성이 인정되지 아니하는 경우에는 관리인에 대하여 다음 각 호 중 하나 이상의 조치를 취할 것을 명하여야 한다. 이 경우 관리인은 해당 조치를 취한 후 지체 없이 그 결과를 법원에 보고하여야 한다.
　1. 회생계획 심리를 위한 관계인집회의 개최 또는 제240조 제1항에 따른 서면결의에 부치는 결정 전에 법원이 인정하는 방법으로 제92조 제1항 각 호에 규정된 사항의 요지를 제182조 제1항 각 호의 자에게 통지할 것
　2. 제98조의 2 제2항에 따른 관계인설명회의 개최
　3. 그 밖에 법원이 필요하다고 인정하는 적절한 조치
③ 관리인은 제2항 각 호에 따른 조치를 취하는 경우에는 제182조 제1항 각 호의 자에게 제92조 제1항 각 호에 규정된 사항에 관한 의견을 법원에 서면으로 제출할 수 있다는 뜻을 통지하여야 한다.

보고하는 사항은 조사보고서의 내용을 기본으로 하며, 관리인이 조사위원의 보고 내용과 달리 보고하려면 그에 대한 근거 등을 제시하면서 보고할 필요가 있다.

　조사보고서에서 청산가치가 계속기업가치보다 높게 보고된 경우, 관리인이 이에 대한 의견을 제시하는 경우도 있으며, 회생가능성을 확보하기 위하여 외부로부터 자금을 유치하는 방안에 대하여 보고하기도 한다. 외부로부터 자금을 조달하는 방안으로는 차입과, 유상증자 신주를 발행하는 M&A 방식이 있다. 따라서 관리인이 M&A 등을 추진하겠다는 계획을 세우고 있다면 사전에 법원에 이를 보고하고 추진하는 것이 바람직하다.

다.

회생계획안 작성

1) 회생계획안이란?

회생계획은 말 그대로 법에 따라 채무자를 효율적으로 회생시키기 위한 계획이다(예외적으로 청산을 내용으로 하는 회생계획도 있음), 기업회생과 관련된 담보채권자, 무담보채권자, 정부기관, 상거래채권자 등 많은 이해관계인들 간의 채권·채무를 어떤 식으로 변경하고, 어떻게 갚고, 회사 내 조직은 어떻게 구조조정할 것인가 등 회사의 환골탈태를 위한 구체적인 청사진을 그리는 작업으로 설명할 수 있다.

이렇듯 이해관계인의 권리변경 및 변제방법 등에 관한 조항을 정하고, 향후 회생절차 수행의 기본규범으로 역할 하게 되며, 이러한 회생계획을 문서화 한 것을 '회생계획안'이라 하고, 관계인집회에서 심리와 결의의 대상이 된다.

법원은 회생절차 개시결정을 하면서 회생계획안의 제출기간을 정하여야 하고(법 제50조 제1항 제4호), 관리인은 이에 따라 회생계획안을 작성하여 법원이 정한 기간 안에 법원에 제출하여야 한다(법 제220조 제1항). 채무자, 목록에 기재되어 있거나 신고한 회생채권자·회생담보권자, 주주·지분권자도 위 기간 안에 회생계획안을 작성하여 법원에 제출할 수 있다(법 제221조).

즉, 작성자(채무기업, 채권자, 주주 등 다양한 사람이 작성주체가 될 수 있다)가 모든 이해관계인에게 이 회사가 가진 자산 및 영입을 통해 빚을 얼마만큼 어떤 식으로 갚아서 다시 살아날 것인가 하는 빚잔치 계획을 제시하는 것을 말한다. 이를 위해 법원 및 주요 채권자들과 협의하여 합의안을 도출하고, 이를 문서화 한 것을 '회생계획안'이라 부른다.

법원은 회생절차 개시결정을 하면서 회생계획안의 제출기간을 정하여야 하고(법 제50조 제1항 제4호), 관리인은 이에 따라 회생계획안

기업회생! 내가 좀 알려줘?

을 작성하여 법원이 정한 기간 안에 법원에 제출하여야 한다(법 제220조 제1항). 채무자, 목록에 기재되어 있거나 신고한 회생채권자 · 회생담보권자, 주주 · 지분권자도 위 기간 안에 회생계획안을 작성하여 법원에 제출할 수 있다(법 제221조).

2) 회생계획안 내용

가) 필수적 기재사항

- 채권자 등의 권리변경 조항(출자전환, 채무감면 등)

- 공익채권의 변제조항(채권액 및 상환일정 등)

- 변제자금 조달방법 조항(예상 현금흐름, 자산매각 일정, 매각대상 자산 등)

- 예상초과수익금의 용도에 관한 조항 등(자산매각을 통한 담보채권 상환 후 잉여가 있을 경우 동 자금의 처분방법 등)

나) 변제기간

- 원칙적으로 10년이며, 통상 10년을 꽉 채워서 변제계획을 작성하고 있다.

- 통상 초년은 준비연도로 하고 익년부터 1년 차로 하며, 이러할 경우 변제기간은 최대 11년에 이를 수 있다.

다) 변제할 금액

- 회생기업의 장래 자금수지에 기초하여 변제계획이 작성되어야 한다.
- 회생계획안 동의를 위해 변제능력을 벗어나는 구조를 가질 경우 수행가능성이 낮아지며, 능력에 맞춰 변제율을 낮추면 회생계획안에 동의를 받지 못할 가능성이 높아지는 딜레마에 봉착하게 된다.

3) 회생계획안 작성 원칙

회생계획안을 작성할 때는 다음의 4가지 기본원칙을 지켜야 한다.

첫째는 공정·형평의 원칙이다.

우선변제권자와 담보채권자, 상거래채권자 등 각기 우선순위에 따라 선순위권자의 우선권을 보장하고, 후순위권자를 선순위권자보다 우대하지 않는 등 법률이 보장한 우선권에 따라 공정하고 형평에 맞게 작성해야 한다.

기업회생! 내가 좀 알려줘?

둘째는 평등의 원칙이다.

같은 우선권자들 사이에서는 동등한 권리가 보장되어야 한다. 단, 불이익을 받는 자의 동의가 있는 경우 차등 취급이 가능하다. 즉, 동순위 담보권자끼리는 동일한 비율로 변제가 이루어져야 하며, 만일 일방이 양보할 경우 다른 채권자의 변제를 우선할 수 있다.

셋째는 수행가능성의 원칙이다.

회생계획안상 변제계획이 회생기업의 현금흐름에 맞게 적절히 작성되었는지이다. 통상 채권단의 인가동의를 쉽게 받기 위해 변제율을 높이거나, 무리하게 공장 등 주요시설을 인가 후 1년 내로 즉시 매각하고 임차해서 생산 활동을 하겠다고 작성하는 경우가 상당히 많다. 하지만, 현실적으로 장치산업이나 설비업의 경우 현 영업장을 매각하고 다른 곳으로 이전하는 것은 상당한 비용이 들어 현실성이 없고, 공장과 설비를 모두 매각하고 새 인수자와 임차계약을 맺는 매각 후 임대(Sale & Lease Back)방식도 실제로는 성사확률이 매우 낮다.

기업회생 중에는 지급보증서 발급이나 외상거래가 힘들어 공격적인 영업확대나 거래를 수주하는 것이 쉽지 않으므로 외상거래나 수주거래를 많이 하는 기업의 경우 현금흐름이 예상과 매우 다를 수 있어 채권자들은 보수적으로 바라볼 수 있다.

또한, 공익채권의 변제계획이 변수가 되기도 한다. 특히 최우선 변제대상인 임금채권(3개월 치 최종임금과 3년 치 퇴직금 원금)과 조세채권 등 공익채권의 3년 변제 유예 등 상환계획에 따라 사전 동의를 받지 않을 경우, 즉시변제대상으로 간주되어 회생계획을 다시 작성해야 하는 번거로운 절차가 필요할 수 있다.

통상, 공익채권은 개시 후 3년 이내에 전액 상환해야 하며, 회생 담보권도 분할상환 시기의 문제이지 결국 원금 100%와 회생개시 후 이자(때로는 회생개시 전 이자 포함)를 전액 상환하는 구조로 짜야 동의를 받을 수 있다. 그렇지 않으면, 공익채권자는 수시로 압류·가압류 절차를 진행할 수 있고, 회생담보권자는 회생폐지(또는 조기종결)를 신청해 경매를 진행하려 할 수 있기 때문이다.

넷째는 청산가치 보장의 원칙이다.

채권자들이 회생에 동의하는 것은 궁극적으로 지금 파산하는 것보다 회생을 통한 변제율이 더 높다고 판단하기 때문이다. 즉, 계속기업가치가 청산가치보다 높기 때문이다. 따라서 회생계획 인가시점을 기준으로 계속기업 가치는 최소한 청산가치보다는 높아야 한다. 모든 금융회사는 내규에 의해 채권회수관련 의사결정 시, 마지노선은 민사집행법에 따른 경매배당액이 되기에 당연한 귀결이다. 실무적으로는 부동산의 경우 평가금액의 기준시점이 문제되며, 조사보고서 작성 당시의 감정평가금액을 그대로 원용하는 것이 일반적이다.

그러므로, 회생법인이 향후 보유 자산매각 및 영업을 통해 창출 가능한 현금현가액과 상환해야 할 회생채권 금액의 비율, 즉, 변제율이 가장 중요한 관건이다.

물론, 청산가치가 높아도 다수의 채권자들이 동의하거나 사회적 파장 등을 고려 법원이 강제로 인가하는 경우도 있다.

라.

출자전환

회생계획안 작성에서 가장 중요한 키는 회생채권의 변제율(회생
채권 상환액/회생채권 채권액)이다. 담보채권은 100%를 제시하지 않으면
무조건 반대하기 때문에 대부분의 회생계획안에서 담보채권 변제
율은 100%가 기본값이다.

관건은 무담보채권, 즉 회생채권이다. 통상 회생채권 변제율은
30~40%를 제시하게 된다.

나머지 60~70%의 잔여채권은 통상 출자전환 방식으로 처리하
게 된다.

회생과정에서 채무조정 방법에는 면제, 출자전환, 분할상환 등

이 있다.

이 중 면제는 주로 개인회생에서만 쓰인다. 면제는 채무탕감을 의미하며, 이 경우 회계상 '채무면제이익'이 발생하여 채무자에게는 당해에 채무면제이익 발생에 따른 소득세가 발생하게 된다. 이로 인해 회생에 장애가 발생할 수 있어 통상 회생 및 면책이 끝난 후 면제효과가 발생하도록 조정한다.

두 번째로 출자전환이 주로 법인에 쓰이는데, 신주발행 · 신주인수권 발행 중 실무적으로는 주로 채권변제에 갈음하는 신주발행(Debt Equity Swap)이 사용된다. 이때는 신주발행에도 불구 주금납입 및 주권발행이 일어나지 않음에 따라 회생기업은 채권자에게 '주식 미발행 확인서'를 교부하고 있다.

출자전환 시에는 자금투입 없는 신주발행으로 인한 자본왜곡을 막기 위해 통상 10:1 정도의 감자가 일어난다. 또한, 출자전환 주주의 지분율 확보를 위해 기존 주주의 주식에 대해서도 감자가 일어나 향후 회사가 정상화 되었을 때 출자전환 주주가 추가수익을 거둘 수 있도록 하고 있다. 통상 회생채권 변제율이 30%대이면 기존주주의 지분율도 30%대 이하로 낮추도록 조절하고 있어 정확한 감자비율은 케이스마다 다르다.

세 번째로 분할상환은 주로 원금과 개시 후 이자에 대해(회생담보권 및 회생채권) 10년 범위 내에서 이루어지고 있다.

한편, 연대보증인의 이중변제가 뜨거운 감자로 남아 있다.

예를 들어 기업이 100억 원의 대출을 받는데, 50억 원은 공장 및 대표이사 아파트 담보, 50억 원은 신용대출을 받았다고 가정하자. 이때 기업은 은행에 대해 100억의 채무를 지며, 연대하여 대표이사도 100억 원의 보증 채무를 지게 된다. 기업회생을 통해 공장의 감정가 40억 원의 회생담보채권(담보채권 중 담보감정가 초과분은 회생채권으로 분류된다)과 나머지 60억 원의 회생채권 중 변제율 40%에 해당하는 24억 외 36억 원은 출자전환(사실상 면제) 되었다고 가정하자.

이때 회생기업은 총 64억 원의 채무를 부담하게 되지만, 보증인인 대표이사는 여전히 100억 원의 보증 채무를 지게 된다.

만일, 회생과정에서 공장과 대표이사의 아파트 매각으로 50억을 변제하게 되면, 기업은 14억 원의 회생채권을, 대표이사는 100억 원의 보증 채무를 부담하게 된다. 물론, 회생채권 전액과 개시 후 발생이자 전액이 변제된다면 보증 채무도 사라지겠지만, 주채무가 살아 있는 한 대표이사는 여전히 100억 원 범위 내에서 채무를 부담하게 된다.

실무상, 통상의 대표이사들은 14억 원의 보증 채무 내지는 개인소유 아파트마저 매각되어 변제된 것에 분노하여 금융회사 담당자들과 채무부존재를 주장하며 다투기도 한다.

결국, 대표이사도 일반회생(담보 15억, 무담보 10억까지는 개인회생)절차를 신청하게 되며, 회생계획안 상 변제율이 시원치 않으면 회생계획안이 인가받지 못해 파산 및 면책으로 귀결되는 경우도 있다. 대표이사가 파산을 하게 되면, 민법 제690조에 따라 대표이사(임원)에서 해고된다.

"민법 제690조(사망 · 파산 등과 위임의 종료) 위임은 당사자 한쪽의 사망이나 파산으로 종료된다"

연대보증 채무의 경우, 일반 금융회사와 보증기관(기술보증기금, 신용보증기금, 중소벤처기업 진흥공단)이 적용방법이 다르다. 일반 금융회사의 경우, 채무자 회생법 제250조 제2항, 제567조에 따라 주채무의 출자전환, 채무면제 등과 상관없이 보증 채무 전액의 부담을 요구할 수 있다.

하지만, 신용보증기금의 경우, 신용보증기금법[39]에 따라, 기술보증기금의 경우 기술보증기금법[40]에 따라, 중소벤처기업 진흥공단은 중소기업진흥에 관한 법률[41]에 따라 각각 연대보증 채무를 감경 또는 면제하고 있다.

---

39 신용보증기금법

제30조의3(연대보증 채무의 감경·면제)

「채무자 회생 및 파산에 관한 법률」제250조 제2항, 제567조, 제625조 제3항에도 불구하고 채권자가 기금인 경우에는 중소기업의 회생계획인가결정을 받은 시점 및 파산선고 이후 면책결정을 받는 시점에 주채무가 감경 또는 면제될 경우 **연대보증 채무도 동일한 비율로 감경 또는 면제**한다.

40 기술보증기금법

제37조의 3(연대보증 채무의 감경·면제)

① 「채무자 회생 및 파산에 관한 법률」제250조 제2항, 제567조, 제625조 제3항에도 불구하고 채권자가 기금인 경우에는 중소기업의 회생계획인가결정을 받은 시점 및 파산선고 이후 면책결정을 받는 시점에 주채무가 감경 또는 면제될 경우 **연대보증 채무도 동일한 비율로 감경 또는 면제**한다.

② 기금은 연대보증 채무자의 재기 지원을 위하여 필요한 경우에는 제29조에 따른 업무방법서에서 정하는 바에 따라 **연대보증 채무를 감경 또는 면제**할 수 있다.

③ 제2항에 따라 채무를 감경 또는 면제받은 연대보증 채무자가 아닌 다른 연대보증 채무자는 「민법」제485조에도 불구하고 기금에 면책을 주장할 수 없다.

41 중소기업진흥에 관한 법률

제74조의 2(연대보증 채무의 감경·면제)

「채무자 회생 및 파산에 관한 법률」제250조 제2항, 제567조, 제625조 제3항에도 불구하고 채권자가 중소벤처기업진흥공단인 경우(이 법 제66조 제5항에 따라 대출 방식으로 이루어지는 사업에 한정한다)에는 중소기업·벤처기업이 회생계획인가결정을 받은 시점 및 파산선고 이후 면책결정을 받는 시점에 주채무가 감경 또는 면제될 경우 **연대보증 채무도 동일한 비율로 감경 또는 면제**한다.

마.

회생계획안 제출

1) 회생계획안 제출기한

작성된 회생계획안은 조사기간 말일로부터 4개월 이내에 제출해야 한다. 물론 사정이 있을 경우 법원에 연장요청하면 2개월의 범위 내에서 비교적 쉽게 제출기한을 연장해 준다.

회생계획안 작성 후 제출하기 전에 국세청과 지방세무서 등 공익채권 징수권자들에게 의견을 조회해야 한다. 회생에 들어간 내용과 함께 3년간 분할납부 또는 유예 등 상환계획에 대한 합의를 한 후 동의받아 제출해야 신속한 회생진행이 가능하다.

회생계획안 제출에 대한 채무자 회생법 조항

제220조(회생계획안의 제출)

① 관리인은 제50조 제1항 제4호 또는 같은 조 제3항에 따라 법원이 정한 기간 안에 회생계획안을 작성하여 법원에 제출하여야 한다.

② 관리인은 제1항의 기간 안에 회생계획안을 작성할 수 없는 때에는 그 기간 안에 그 사실을 법원에 보고하여야 한다.

제221조(회생채권자 등의 회생계획안 제출)

다음 각 호의 어느 하나에 해당하는 자는 제220조 제1항에 따른 기간 안에 회생계획안을 작성하여 법원에 제출할 수 있다.

1. 채무자
2. 목록에 기재되어 있거나 신고한 회생채권자 · 회생담보권자 · 주주 · 지분권자

2) 회생계획안 수정, 변경, 배제

— 수정: 회생계획안의 심리(제2차 관계인집회)전에 법원의 허가를 받아 내용을 바꾸는 것(회생법 제228조 (회생계획안의 수정))

— 변경: 심리를 마친 후 결의 전에 법원의 허가를 받아 내용을 바꾸는 것을 의미하며, 회생계획안 인가 후 회생절차 종결 전에 이해관계인의 동의와 법원의 허가를 받아 변경한다(회생법 제282조). 단, 불리한 영향을 받지 않는 이해관계인의 동의는 생략할 수 있다.

— 배제: 계획안이 법률의 규정을 위반하였거나, 공정하지 않거나, 수행이 불가능할 경우 법원은 계획안을 배제하고 관계인집회의 심리 또는 결의에 부치지 않을 수 있다(회생법 제231조).

바.

회생계획안 심리 및 인가받기 – 제2차, 제3차 관계인집회

1) 제2차 관계인집회

제출된 회생계획안을 심의하며, 관리인, 경영진, 회생담보권자, 회생채권자, 주주, 감사, 노동조합 등의 의견을 청취하는 자리이다. 법원은 이해관계인의 신청 또는 직권에 의하여 회생계획안에 대한 수정명령을 내릴 수 있다(회생법 제224조(회생계획안 심리를 위한 관계인집회)).

2) 제3차 관계인집회

제2차 관계인집회에서 심리를 마친 회생계획안에 관한 결의를 하기 위한 기일을 정하여 관계인집회(이하 '결의 집회'라 한다)를 소집한

기업회생! 내가 좀 알려줘?

다(법 제232조(회생계획안의 결의를 위한 관계인집회)). 회생계획안은 회생담보
권자조 의결권의 3/4 이상, 회생채권자조 의결권의 2/3 이상, 집
회에서 의결권을 행사하는 주주의 조 의결권의 1/2 이상의 동의요
건을 충족하여야 가결되고, 청산형 계획안에 대하여는 회생담보권
자조 의결권의 4/5 이상이 동의하여야 하고 나머지 조의 가결요건
은 위와 같다(법 제237조). 법원은 회생계획안에 대한 심리ㆍ결의를
하기 전에, 회생절차ㆍ회생계획이 법률의 규정에 적합할 것, 회생
계획이 공정ㆍ형평에 맞고 수행 가능할 것, 청산가치보장을 준수
할 것 등의 인가요건을 미리 검토하므로(법 제243조), 보통 회생계획
안 심리 및 결의 집회는 같은 기일에 진행하고, 결의 집회에서 가
결된 회생계획안에 대하여 그 집회 당일 인가결정을 하고 있다.

제2차와 제3차 관계인집회는 법원의 판단에 따라 서면으로 진
행될 수도 있다(회생법 제242조의 2(서면결의를 거친 경우 회생계획의 인가 여부)).

3) 회생계획안 인가
===

완성된 회생계획안이 모든 이해관계인이 모이는 관계인집회(통상
제2차 및 제3차 관계인집회를 동시 개최)에서 통과되면 법원의 판단으로 회
생인가결정이 나고, 동 계획대로 모든 채권채무관계가 영구적으로

변경된다. 회생계획안은 개시결정일로부터 1년 이내에 승인되어야 하며, 6개월의 범위 내에서 연장가능하다.

제3차 관계인집회에서 회생담보권자조 또는 회생채권자조 모두에서 동의요건을 통과할 경우는 인가요건이 성립하나, 둘 중 한 조에서 동의받지 못할 경우 회생계획안은 채택되지 못하고 인가 전 폐지가 된다(회생법 제286조(회생계획인가 전의 폐지)). 이때 법원은 재량에 따라 파산을 선고할 수도 있다.

하지만, 법원은 회생계획안을 변경하여 부동의한 조의 채권자 보호조치를 강화하는 조건으로 강제인가를 하는 경우도 있다.

회생계획안이 인가되지 못해 폐지결정이 날 경우, 채무자 등 회생신청권자는 다음과 같은 선택지가 있다.

- 재도(再度)의 신청: 회생이나 파산절차 신청 또는 진행 중 폐지된 후 다시 한번 신청하는 것을 의미하며, 변제율 등 회생계획을 변경하여 다시 신청해 볼 수 있다.

- 파산신청: 채무과다로 회생가능성이 없을 경우 파산절차를

진행할 수 있다.

- 폐지결정에 대한 항고: 회생폐지 결정이 부당하다고 판단 되
거나 재도의 신청할 여유가 없으면 폐지결정에 대해 즉시항
고를 할 수 있다. 단, 공익채권자는 수시변제가 가능한 우선
채권자로서 항고신청 권한이 없으며, 회생계획안에 반대한
채권자 역시 항고할 수 없다.

회생계획안 인가 요건 관련 채무자 회생법 조항

제243조(회생계획인가의 요건)

① 법원은 다음의 요건을 구비하고 있는 경우에 한하여 회생계획인가의 결정을
할 수 있다.

1. 회생절차 또는 회생계획이 법률의 규정에 적합할 것
2. 회생계획이 공정하고 형평에 맞아야 하며 수행이 가능할 것
3. 회생계획에 대한 결의를 성실 · 공정한 방법으로 하였을 것
4. 회생계획에 의한 변제방법이 채무자의 사업을 청산할 때 각 채권자에게 변제하는 것보다
불리하지 아니하게 변제하는 내용일 것. 다만, 채권자가 동의한 경우에는 그러하지 아니
하다.
5. 합병 또는 분할합병을 내용으로 한 회생계획에 관하여는 다른 회사의 주주총회 또는 사
원총회의 합병계약서 또는 분할합병계약서의 승인결의가 있었을 것. 다만, 그 회사가 주
주총회 또는 사원총회의 승인결의를 요하지 아니하는 경우를 제외한다.
6. 회생계획에서 행정청의 허가 · 인가 · 면허 그 밖의 처분을 요하는 사항이 제226조 제2항
의 규정에 의한 행정청의 의견과 중요한 점에서 차이가 없을 것

7. 주식의 포괄적 교환을 내용으로 하는 회생계획에 관하여는 다른 회사의 주주총회의 주식의 포괄적 교환계약서의 승인결의가 있을 것. 다만, 그 회사가 「상법」 제360조의 9(간이 주식교환) 및 제360조의 10(소규모 주식교환)의 규정에 의하여 주식의 포괄적 교환을 하는 경우를 제외한다.

② 회생계획의 인가 여부 결정에 이르기까지의 절차가 법률의 규정에 위반되는 경우에도 그 위반의 정도, 채무자의 현황 그 밖의 모든 사정을 고려하여 회생계획을 인가하지 아니하는 것이 부적당하다고 인정되는 때에는 법원은 회생계획인가의 결정을 할 수 있다.

4) P-Plan(프리패키지) 회생절차

일반적인 회생절차는 개시 신청 후 회생계획안의 인가까지 빨라야 6개월이며, 상황에 따라 1년이 넘게 걸릴 수 있다. 만일 신속한 회생절차로 시간을 절약하고 싶다면 총부채의 50% 이상의 채권자들과 사전협의하여 회생절차 개시 전까지 회생계획안을 제출하고, 신청일로부터 3개월 내에 회생절차를 종결하는 프리패키지 회생절차(회생법 제223조 (회생계획안의 사전제출))를 고려해 볼 수 있다.

통상 M&A 등을 통해 신속히 위기를 탈출하려는 수요가 있는 회생기업이 많이 선택하는 방법이다.

프리패키지 플랜 진행 과정

한계기업이 투자자 또는
채권자(총부채 50% 이상)와 협의해
회계법인 사전 실사보고서, 신규자금 투자 등
내용을 담은 사전 회생계획안 제출

⇩

회생절차 개시결정
(법원 재량에 따라 1주일 내 가능)

⇩

채권신고 및 조사(약 2주)

⇩

사전 회생계획안 심리 및 결의 집회

⇩

사전 회생계획안 인가결정
(개시결정 후 2개월)

⇩

회생절차 종결
(신청부터 3개월 내 종결목표)

사.

쌍용자동차
기업회생 사례

　22.8.26 서울회생법원 제1부는 쌍용자동차 주식회사의 회생계획안을 인기했다.

　동 인가일에 이루어진 쌍용자동차 회생계획안 심리 및 결의를 위한 관계인집회(제2회 및 제3회)에서 회생담보권자 조는 100%, 회생채권자조는 95.04%, 주주 조는 100%가 회생계획안에 동의하여 모든 조에서 가결되었다.

　쌍용자동차 회생계획안의 요지는 다음과 같다.

　1) M&A 투자계약에 따라 납입된 인수대금(365,490,000,000원)을 변

제재원으로 하여 회생 담보권 및 회생채권을 변제한다.

2) 위 변제가 완료되면 쌍용자동차가 KG 컨소시엄에 대하여 추가로 발행하는 신주 인수 대금(564,510,000,000원)으로 공익채권을 변제하고 필요한 운영자금을 조달한다.

3) 회생담보권자에 대한 권리변경 및 변제방법

   - 원금 및 개시 전 이자 100%를 현금변제

4) 회생채권자에 대한 권리변경 및 변제방법

   - 상거래채권: 원금 및 개시 전 이자의 13.97% 현금변제, 86.03%는 출자전환

   - 대여금채권, 구상채권 등: 원금 및 개시 전 이자의 6.79% 현금변제, 93.21%는 출자전환

5) 기존주식의 감자, 출자전환 및 유상증자에 의한 신주발행 등의 절차를 거쳐 KG 모빌리티㈜가 최대주주로서 61.86% 지분을 보유하며, 이후 회생채권 등의 변제가 완료되면 KG 컨소시엄에 대하여 추가로 신주를 발행한다.

　당초 KG 컨소시엄은 회생채권도 대여금채권 등과 같이 6.79%를 제시했었다. 하지만, 너무 낮은 변제율로 인해 회생계획안 인가가 어려워질 것으로 판단하여 관계인집회를 1주일 앞둔 22.8.19 인수대금 잔액을 3,319억 원에서 300억 원 증액한 3,655억 원을 납입해 회생채권의 변제율을 13.97%로 높여 인가동의율을 끌어올렸다.

　회생채권자는 13.97%를 현금변제받는 대신 86.03%는 출자전환하여 추후 회사가 회생에 성공할 경우 추가수익을 노릴 수 있게 되었다.

　쌍용자동차의 2020 사업연도 회계감사인인 삼정회계법인은 21.3.23 한국거래소에 '의견거절' 회계감사 보고서를 제출하였다.

삼정회계법인은 감사보고서에서 쌍용자동차는 4,460억 원의 영업손실과 5,032억 원의 당기순손실을 기록하였으며, 유동부채가 유동자산보다 7,717억 원을 초과하고 있고 총부채가 총자산을 843억 원 초과하고 있어 완전 자본잠식상태라 진단하고, 계속기업 존속 불확실성을 이유로 의견거절의 사유를 설명했다. 이는 상장폐지 절차로 가는 것으로서, 쌍용자동차의 미래는 불확실성에 휩싸였다.

이후 새로 조사위원으로 선임된 한영회계법인은 21.6.30 조사보고서를 통해 쌍용자동차의 청산가치는 9,820억 원으로 계속기업가치인 6,200억 원보다 크다고 분석했다.

이렇듯 두 차례의 평가결과 모두 쌍용자동차의 청산가치가 계속기업가치보다 높다고 판단하였으나, 법원은 2만여 일자리 등 지역경제에 미치는 영향 등을 고려하여 '인가전 M&A'를 전제로 하는 회생계획안을 인가하였다.

이후 21.10.20 입찰을 통해 3,048억 원을 제시한 에디슨모터스를 우선협상대상자로 선정하였으나 잔금을 치르지 못해 M&A가 무산되었다. 매각주간사인 한영은 법원에 스토킹 호스 방식[42]을 통

---

42 Stalking Horse(위장말) 방식: 인수합병(M&A) 거래에서 사용되는 여러 매각 방식 중 하나이다. 우선적으로 수의계약으로 인수 의향이 명확한 한 곳과 거래금액을 포함한 주요한 조건들을 합의한 후 인수예정자(스토킹 호스)로 지명한다(우선매수권 부여). 이후 공개입찰을 통

한 인가 전 M&A 재추진을 신청하여 허가받았다. 이후 공개입찰을 통해 22.6.28 KG그룹 컨소시엄을 최종 인수예정자로 선정하였다. 입찰에서 쌍방울그룹은 3,800억 원을 제시했으나, 자금조달 증빙이 미비하여 결국 3,354.9억 원(이후 인가과정에서 인수가격은 3,655억 원으로 증액됨)을 제시한 KG그룹이 최종 인수대상자로 선정되었다.

기존의 회생계획안 인가절차에 따르면, 당연히 파산으로 가야 하는 상황이었다. 하지만, 인수자인 KG그룹 컨소시엄이 인수대금 3,354.9억 원을 포함 신주 인수대금 5,645.1억 원을 추가 투입하는 등 적극적인 회생계획을 제시하였으며, 최근 출시한 정통 SUV 토레스의 매출상승으로 적자폭이 대폭 줄어드는 등 긍정적인 추세를 보여 결국 M&A방식을 통한 회생에 성공하였다.

해 최고가 입찰자를 선정하고, 두 제시가격을 비교해 최종 인수자를 결정하는 방식이다.

이 방법은 다소 복잡해 보이나, 인수예정자가 이미 선정되어 있기 때문에 매각의 확실성이 높으면서 동시에 최소한 특정 금액 이상의 가격도 보장받을 수 있기 때문이다.

만일, 입찰에서 더 높은 가격이 제시되지 않으면 이미 선정된 인수예정자와 계약을 하게 된다. 하지만, 인수예정자보다 더 높은 가격이 제시될 경우에는 2가지 해결방법이 있다.

1) 기존 인수예정자가 최고가 입찰자보다 더 높은 가격으로 수정 제시할 경우, 최고가 입찰자에게 일정 비용(Topping Fee)를 지급하고 새로운 가격으로 계약을 체결하든지

2) 기존 인수예정자가 가격 수정을 포기할 경우, 새로운 투자자는 인수예정자에게 보상(Break-up Fee)을 주고 계약을 체결한다.

이러한 Topping Fee와 Break-up Fee는 상대에게 M&A를 위해 투자한 실사비용 등 실비를 보상하는 차원이다.

스토킹 호스는 원래 야생 조류 등을 사냥할 때 사냥꾼이 몸을 숨기고 접근하기 위해 사용했던 가짜 말을 일컫던 용어이다. 그러다가 제3자를 대상으로 새로운 컨셉이나 아이디어의 가능성을 테스트하는 데 사용되던 물건을 뜻하는 용어로 확정되어 M&A에 도입된 것이다.

기업회생! 내가 좀 알려줘?

쌍용자동차는 이로써 회사와 근로자, 협력업체 및 지역 이해당사자 등 모두가 상생할 수 있는 회생의 발판을 마련하게 되었다.

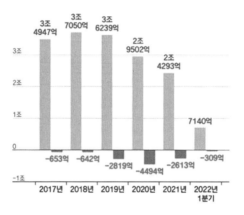

쌍용차 연도별 실적

단위: 원

PART 7

회생계획안
인가 후

가.
회생계획안
인가결정의 효력[43]

    회생계획이 일단 법원의 인가가 나면, 기존의 모든 채권 채무관계는 법에 따라 회생계획안 내용대로 변경이 된다. 따라서 회생계획안에 없는 빚은 탕감이 된다고 볼 수 있다.

    하지만, 벌금과 세금은 감면대상이 아니어서 이에 대비하기 위해서는 회생을 신청하기 전에 회생전문가 및 과세당국과 충분한 협의가 필요하다.

---

43   **회생계획안 인가의 효과 관련 채무자 회생법 조항**
    제251조(회생채권 등의 면책 등)
    회생계획인가의 결정이 있는 때에는 회생계획이나 이 법의 규정에 의하여 인정된 권리를 제외하고는 채무자는 모든 회생채권과 회생담보권에 관하여 그 책임을 면하며, 주주·지분권자의 권리와 채무자의 재산상에 있던 모든 담보권은 소멸한다. 다만, 제140조 제1항의 청구권은 그러하지 아니하다.
    제252조(권리의 변경)
    ① 회생계획인가의 결정이 있는 때에는 회생채권자 · 회생담보권자 · 주주 · 지분권자의 권리는 회

또한, 채무탕감 및 조정은 보증 채무에 대해서는 해당사항이 없다. 국내 기업들이 은행에서 시설자금이나 운영자금 대출을 받을 때 관례적으로 대표이사가 보증을 서게 되는데, 이에 따라 채무 불

생계획에 따라 변경된다.

② 「상법」 제339조(질권의 물상대위) 및 제340조(주식의 등록질) 제3항은 주주·지분권자가 제1항의 규정에 의한 권리의 변경으로 받을 금전 그 밖의 물건, 주식 또는 출자지분, 채권 그 밖의 권리와 주권에 관하여 준용한다.

제253조(회생채권자 및 회생담보권자의 권리)

회생계획에 의하여 정하여진 회생채권자 또는 회생담보권자의 권리는 확정된 회생채권 또는 회생담보권을 가진 자에 대하여만 인정된다.

제254조(신고하지 아니한 주주·지분권자의 권리)

회생계획에 의하여 인정된 주주·지분권자의 권리는 주식 또는 출자지분의 신고를 하지 아니한 주주·지분권자에 대하여도 인정된다.

제255조(회생채권자표 등의 기재의 효력)

① 회생채권 또는 회생담보권에 기하여 회생계획에 의하여 인정된 권리에 관한 회생채권자표 또는 회생담보권자표의 기재는 회생계획인가의 결정이 확정된 때에 다음 각 호의 자에 대하여 확정판결과 동일한 효력이 있다.

1. 채무자

2. 회생채권자·회생담보권자·주주·지분권자

3. 회생을 위하여 채무를 부담하거나 또는 담보를 제공하는 자

4. 신회사(합병 또는 분할합병으로 설립되는 신회사를 제외한다)

② 제1항의 규정에 의한 권리로서 금전의 지급 그 밖의 이행의 청구를 내용으로 하는 권리를 가진 자는 회생절차종결 후 채무자와 회생을 위하여 채무를 부담한 자에 대하여 회생채권자표 또는 회생담보권자표에 의하여 강제집행을 할 수 있다. 이 경우 보증인은 「민법」 제437조(보증인의 최고, 검색의 항변)의 규정에 의한 항변을 할 수 있다.

③ 「민사집행법」 제2조(집행 실시자) 내지 제18조(집행비용의 예납 등), 제20조(공공기관의 원조), 제28조(집행력 있는 정본) 내지 제55조(외국에서 할 집행)의 규정은 제2항의 경우에 관하여 준용한다. 다만, 「민사집행법」 제33조(집행문부여의 소), 제44조(청구에 관한 이의의 소) 및 제45조(집행문부여에 대한 이의의 소)의 규정에 의한 소는 회생계속법원의 관할에 전속한다.

제256조(중지 중의 절차의 실효)

① 회생계획인가의 결정이 있는 때에는 제58조 제2항의 규정에 의하여 중지한 파산절차, 강제집행, 가압류, 가처분, 담보권실행 등을 위한 경매절차는 그 효력을 잃는다. 다만, 같은 조 제5항의 규정에 의하여 속행된 절차 또는 처분은 그러하지 아니한다.

② 제1항의 규정에 의하여 효력을 잃은 파산절차에서의 재단채권(제473조 제2호 및 제9호에 해당하는 것을 제외한다)은 공익채권으로 한다.

이행 시 대표이사는 막대한 보증 채무를 지게 된다. 기업이 회생절차에 들어가 인가를 받게 되면 대표는 마치 자기 채무도 조정된 것으로 착각하기 쉬운데, 회생절차 신청 전에 보증 채무를 어떻게 처리할지에 대한 대비가 매우 중요하다. 잘못하면 대표가 파산에 몰려 회사만 회생에 성공하고 정작 본인은 회복할 수 없는 상황에 몰릴 수도 있다. 따라서 상황에 따라 회사와 대표이사가 동시에 각각 기업회생과 개인회생(또는 일반회생)을 신청하는 경우도 있다.

구 분	개인회생	일반회생
기준	담보채무 15억, 무담보채무 10억 이하	담보채무 15억, 무담보채무 10억 초과
동의여부	채권자 동의 불필요	채권자 동의 필요
채무면책	인가 후 변제완료 시	회생계획안 인가 시 효력 발생 실무상 감축된 채무 모두 변제 시 채무면제 효과 발생토록 함
경매중단	담보권 실행을 위한 임의경매는 계속 진행	진행 중이던 경매절차 중단
기간	3~5년	10년

나.

관리인 선임

일단 회생절차가 개시되면, 기존 회사의 대표이사는 직함이 '관리인'으로 변경[44]된다. 이를 DIP(Debtor In Possession), 즉 '기존 경영자 관리인'이라 하며, 회생기업의 약 98% 정도가 기존 경영자가 '관리인'으로 간주되어 회생을 수행하고 있다. 이름에서 알 수 있듯이, 관리인의 법원이 진행하는 '기업회생'의 관리를 위해 선임되는 사람으로, 기존 채무기업의 대표에서 채권자, 채무자, 주주 등 모든 이해관계인의 공동이익을 위한 관리인으로 직책과 직무가 변경되는 것이다. 따라서 통상 명함도 새로 만들고 인감도 새로 만들어

---

44 근거: 채무자 회생법 제74조(관리인의 선임)

① 법원은 관리위원회와 채권자협의회의 의견을 들어 관리인의 직무를 수행함에 적합한 자를 관리인으로 선임하여야 한다.

② 법원은 다음 각 호에 해당하는 때를 제외하고 개인인 채무자나 개인이 아닌 채무자의 대표자를 관리인으로 선임하여야 한다.

기업회생! 내가 좀 알려줘?

법원에 보고하고 사용하게 된다.

즉, 채무자(회생기업 대표이사)의 업무수행권과 재산의 관리처분권은 관리인에게 전속한다. 관리인은 일종의 공적 수탁자로서 파산법원(지방법원 파산부)과 파산법원에 설치된 관리위원회의 감독을 받는다. 따라서 채권자 등 이해관계인은 자신들의 희생을 통해서 회생하는 회사가 회생절차에 들어오기 전과는 달리 공정하고 투명하게 관리될 것이라는 기대를 하게 된다.

이에 대한 절차적인 수단으로서 관리인이 일정요건에 해당하는 행위를 할 때에는 법원의 허가를 받도록 하고 있으며, 회사의 상태와 현황에 대해 주기적으로 법원에 보고하도록 하고 있다.

채무자의 회생계획안이 인가되면 법원은 채무자가 회생계획에 정한 내용에 따라 공정하게 채권자들에 대한 변제를 이행하도록 감독한다. 채무자가 자의적으로 편파 변제를 하거나, 변제를 이행하지 않거나 또는 변제재원 마련을 위한 절차를 성실하게 진행하지 않는 경우에는 법원이 채무자를 적절히 지도하고 통제할 필요가 있다. 또한, 회생계획을 수행하는 데 회사의 경영상황이 뒷받침되지 않는 경우에는 회사는 외부로부터 추가로 자금을 조달하기 위한 절차로서 경영권 이전을 수반하는 M&A를 진행할 필요도 있다.

회생계획 인가 후 회생채권의 변제가 개시되어 회사가 법원의 관리·감독 아래 있기보다는 회생절차를 종결하는 것이 회사의 회생에 보다 바람직하다고 판단될 경우에는 종결을 한다. 다만, 회생계획의 수행에 지장이 있다고 인정되는 때에는 그러하지 아니하다 (제283조). 회생계획인가 후 회생계획을 수행할 수 없는 것이 명백하게 된 때에는 법원은 관리인이나 회생채권자 또는 회생담보권자의 신청에 의하거나 직권으로 회생절차폐지의 결정을 하여야 한다(제288조).

관리인의 선임관련 채무자 회생법 조항

제74조(관리인의 선임)

① 법원은 관리위원회와 채권자협의회의 의견을 들어 관리인의 직무를 수행함에 적합한 자를 관리인으로 선임하여야 한다.

② 법원은 다음 각 호에 해당하는 때를 제외하고 개인인 채무자나 개인이 아닌 채무자의 대표자를 관리인으로 선임하여야 한다.

  1. 채무자의 재정적 파탄의 원인이 다음 각목의 어느 하나에 해당하는 자가 행한 재산의 유용 또는 은닉이나 그에게 중대한 책임이 있는 부실경영에 기인하는 때
    가. 개인인 채무자
    나. 개인이 아닌 채무자의 이사
    다. 채무자의 지배인
  2. 채권자협의회의 요청이 있는 경우로서 상당한 이유가 있는 때
  3. 그 밖에 채무자의 회생에 필요한 때

기업회생! 내가 좀 알려줘?

③ 제1항의 규정에 불구하고 채무자가 개인, 중소기업, 그 밖에 대법원규칙이 정하는 자인 경우에는 관리인을 선임하지 아니할 수 있다. 다만, 회생절차의 진행 중에 제2항 각 호의 사유가 있다고 인정되는 경우에는 관리인을 선임할 수 있다.

④ 관리인이 선임되지 아니한 경우에는 채무자(개인이 아닌 경우에는 그 대표자를 말한다)는 이 편의 규정에 의한 관리인으로 본다.

⑤ 관리인을 선임하는 경우 법원은 급박한 사정이 있는 때를 제외하고는 채무자나 채무자의 대표자를 심문하여야 한다.

⑥ 법인은 관리인이 될 수 있다. 이 경우 그 법인은 이사 중에서 관리인의 직무를 행할 자를 지명하고 법원에 신고하여야 한다.

⑦ 채권자협의회는 제2항 각 호에 해당하는 경우 법원에 관리인 후보자를 추천할 수 있다.

회생기업의 관리인은 정기적으로 다음의 보고서를 작성하여 담당 관리위원[45]을 통해 법원에 제출해야 한다. 이는 서울회생법원

---

45 관리위원회는 98.2.24. 회사정리법, 화의법 및 파산법의 개정으로 도입된 제도로서, 당초 우리나라가 참조한 미국의 파산제도(Chapter7, Chapter11)와 달리 우리나라 법원에만 있는 제도이다.

도산사건의 적정·신속한 처리를 위하여 법원에 관리위원회를 설치하도록 하고 법원의 지휘를 받아 관리인 등의 선임에 대한 의견의 제시, 관리인 등의 업무수행에 대한 평가 및 계획안에 대한 심사 등의 업무를 수행할 목적으로 도입되었다.

관리위원회는 회생법원에 설치되는 위원회로서, 위원장 1인 및 부위원장 1인을 포함하여 임기 3년인 3인 이상 15인 이내의 관리위원으로 구성된다(법 제16조 제1항 및 제2항, 규칙 제14조 제1항).

관리위원의 자격으로는 ① 변호사·공인회계사의 자격이 있는 자, ② 은행법에 의한 은행 그밖에 대통령령이 정하는 법인(예금보험공사, 한국자산관리공사)에서 15년 이상 근무한 경력이 있는 자, ③ 상장기업의 임원으로 재직한 자, ④ 법률학·경영학·경제학 또는 이와 유사한 학문의 석사학위 이상을 취득한 자로서 이와 관련된 분야에서 7년 이상 종사한 자,

기준이며, 법원에 따라 또한 판사와 관리위원의 성향에 따라 달라질 수 있다.

- 매월 1회의 월간 보고서

- 1/4분기 및 3/4분기의 분기 보고서

- 연 1회의 반기보고서(2/4분기 보고서의 제출에 갈음한다)

- 채무자 현황 및 연간보고서(4/4분기 보고서의 제출에 갈음한다.)

월간보고서에는 다음 각 호의 내용이 포함되어야 한다.

1) 매출실적, 입금실적

2) 자금수지 총괄표, 자금수지 실적명세서(미지급급여와 퇴직금, 미납세금, 미지급 임차료 등, 해당 월에 지급의무가 발생하였으나 지급하지 못한 경우 그 내역을 구체적으로 기재)

3) 발행어음 현황

4) 당월에 발생한 주요사항(회생계획 수행상황, 수행하지 못한 사유, 영업상 특이사항, 기타 보고사항 등)

⑤ 위 ① 내지 ④에 준하는 자로서 학식과 경험을 갖춘 자 등이다.
관리위원은 위의 자격을 갖춘 사람 중에서 결격사유에 해당하지 않는 사람을 회생법원장이 위촉한다(법 제16조 제3항).
관리위원회의 위원장은 관리위원 중에서 회생법원장이 지명하고 그 임기는 1년이다(규칙 제14조 제1항). 부위원장은 상임관리위원 중에서 위원장이 지명한다(규칙 제14조 제3항). 관리위원회의 사무를 처리하기 위하여 간사 및 직원을 두고, 회생법원장은 소속직원 중에서 관리위원회의 업무를 담당할 간사 및 직원을 지정하여 관리위원회에 통보하여야 한다(규칙 제21조 제1항 및 제2항).

5) **허가사항 총괄표**(법원과 관리위원 허가사항을 구분하고, 허가받았으나 이행되지 않은 사항을 별도로 기재하되 그 사유를 소명하여야 한다)

6) **지출내역**(법원 허가사항 지출내역, 관리위원 허가사항 지출내역, 허가금액 미만사항 지출내역, 허가금액이상사항 지출내역으로 구분해서 기재한다)

7) **포괄허가 내역**

8) **자회사에 대한 주요 변동사항**

9) **공익채권 현황**(변제내역 포함)

10) **시재보유 현황**(받을 어음이 있을 경우 별도 기재)

11) **인가 전 회사의 경우에는 구조조정담당임원**(CRO)**의 의견, 인가 후 회사의 경우에는 감사의 의견**

또한 법원은 채무자의 대표자가 아닌 제3자 관리인을 선임한 경우, 매년 평정을 통해 업무능력을 평가한다.

이러한 관리인의 모든 업무는 실질적으로 파산법원 판사의 업무를 보좌하는 관리위원회 내 상임관리위원(주무위원)이 감독·지휘하게 된다. 판사에 따라 관리인과 직접 소통하는 경우도 있지만, 이는 회생기업의 규모나 판사의 성향에 따라 다르다.

관리위원은 법원의 지휘를 받아,

① 관리인 · 보전관리인 · 조사위원 · 간이조사위원 · 파산 관재인 · 회생위원 및 국제도산관리인의 선임에 대한 의견의 제시

② 관리인 · 보전관리인 · 조사위원 · 간이 조사위원 · 파산관재인 및 회생위원의 업무수행의 적정성에 관한 감독 및 평가

③ 회생계획안 · 변제계획안에 대한 심사

④ 채권자협의회의 구성과 채권자에 대한 정보의 제공

⑤ 채무자 회생 및 파산에 관한 법률의 규정에 의한 절차의 진행 상황에 대한 평가

⑥ 관계인집회 및 채권자집회와 관련된 업무

⑦ 그 밖에 대법원 규칙 또는 법원이 정하는 업무(관리인 및 파산관재인의 부인권 행사, 회생채권 · 회생담보권 및 파산채권에 관한 이의 제출 및 회생계획안의 작성에 관한 지도 또는 권고. 그 밖에 도산절차에 관한 필요한 의견의 제시)

를 수행한다.

다.
회생계획의 수행

　회생계획이 인가되면, 관리인은 지체 없이 회생계획을 수행하여
야 한다(법 제257조 제1항). 회생계획 수행의 핵심 내용은 사업계획의
수행, 비영업용 자산 매각계획의 수행 및 이를 통하여 마련한 자금
을 변제 재원으로 한 회생채권 등에 대한 변제이고, 그 밖의 사항
으로서 정관의 변경, 임원의 변경, 자본의 변경 등이 있다.

라.

회생절차의 종료

회생절차는 회생절차 종결결정, 회생절차 폐지결정의 확정 등에 의하여 종료한다. 회생계획 인가 후 회생계획에 따른 변제가 시작되면, 법원은 관리인, 목록에 기재되어 있거나 신고한 회생채권자 또는 회생담보권자의 이느 하나에 해딩하는 자의 신청에 의하서나 직권으로 회생절차 종결의 결정을 한다. 다만 회생계획의 수행에 지장이 있다고 인정되는 때에는 그러하지 아니하다(회생법 제283조 제1항).

회생절차 종결은 회생계획의 성공적 종료를 의미하는 반면, 회생절차 폐지는 채무자에게 회생절차를 계속할 경제성이 없어서 회생절차를 중단하는 것이다. 회생절차 폐지는 회생계획 인가 전의 폐지와 회생계획 인가 후의 폐지로 구분되고, 회생계획 인가 후 폐지의 경우 채무자에게 파산의 원인이 되는 사실이 있다면 법원은 직권으로 파산선고를 하여야 한다(회생법 제6조 제1항, 제288조).

PART 8

일찍 졸업해
정상기업 되기:
조기종결

가.
일찍 졸업해야 하는 이유

회생절차에 있다 보면, 매월 법원에 보고하랴, 돈 쓸 때마다 허가받으랴 번거롭기도 하지만 가장 큰 불편함은 신용이 거의 없어 거래처와 일을 제대로 할 수 없다는 것이다.

은행에 신규대출을 신청하면 신용등급을 산출할 수 없어 거절당하기 일쑤이다.

더욱 속 타는 것은 거래처 납품대금을 외상처리 못 하고 현금으로 지급해야 하는 것은 차치하고서라도 공공입찰이나 대기업 납품할 때 이행보증서를 발급받을 수 없어 일할 기회를 뻔히 보면서 놓친다는 것이다.

관리인이 법원의 허가를 받아야 하는
사항관련 채무자 회생법 조항

제61조(법원의 허가를 받아야 하는 행위)

① 법원은 필요하다고 인정하는 때에는 관리인이 다음 각 호의 어느 하나에 해당하는 행위를 하고자 하는 때에 법원의 허가를 받도록 할 수 있다.

   1. 재산의 처분
   2. 재산의 양수
   3. 자금의 차입 등 차재
   4. 제119조의 규정에 의한 계약의 해제 또는 해지
   5. 소의 제기
   6. 화해 또는 중재계약
   7. 권리의 포기
   8. 공익채권 또는 환취권의 승인
   9. 그 밖에 법원이 지정하는 행위

② 관리인은 법원의 허가를 받지 아니하고는 다음 각 호의 행위를 하지 못한다.

   1. 채무자의 영업 또는 재산을 양수하는 행위
   2. 채무자에 대하여 자기의 영업 또는 재산을 양도하는 행위
   3. 그 밖에 자기 또는 제3자를 위하여 채무자와 거래하는 행위
   4. 권리의 포기
   5. 공익채권 또는 환취권의 승인
   6. 그 밖에 법원이 지정하는 행위

③ 법원의 허가를 받지 아니하고 한 제1항 각 호 또는 제2항 각 호의 행위는 무효로 한다. 다만, 선의의 제3자에게 대항하지 못한다.

기업회생절차에 들어온 지 1년 넘었지만, 통상 회생계획 인가난 해는 준비년도로 간주하므로, 계획안 이행기간은 아직도 10년이 남아서 막막하다. 이때 회생절차를 통한 채무조정을 거쳐 스스로 회생할 수 있는 능력을 갖춘 기업에 주어지는 찬스가 조기종결 제도이다.

조기종결은 회생계획안에 따른 변제가 시작되고(이론상 1차연도), 이후 회생계획의 수행에 문제가 없을 것이라고 판단되면 법원이 직권으로 또는 관리인이나 회생담보권자, 회생채권자의 신청에 따라 판단하여 회생절차를 종결시키는 것을 말한다.

채무자 회생법

제283조(회생절차의 종결)

① 회생계획에 따른 변제가 시작되면 법원은 다음 각 호의 어느 하나에 해당하는 자의 신청에 의하거나 직권으로 회생절차종결의 결정을 한다. 다만, 회생계획의 수행에 지장이 있다고 인정되는 때에는 그러하지 아니하다.

  1. 관리인
  2. 목록에 기재되어 있거나 신고한 회생채권자 또는 회생담보권자

② 법원이 제1항의 규정에 의한 결정을 한 때에는 그 주문 및 이유의 요지를 공고하여야 한다. 이 경우 송달은 하지 아니할 수 있다.
③ 제40조 제1항의 규정은 제1항의 규정에 의한 결정이 있은 경우에 관하여 준용한다.

이렇듯 법상으로는 1년만 지나면 금방 졸업할 수도 있는 것처럼 되어 있으나 실무적으로는 여러 변수와 고려로 인해 다양한 경우가 발생한다.

나.
회생기업이 조기종결을 원하지 않는 경우

회생절차에 있으면 계속 감시를 받아야 하고 자유로운 영업활동이 제한되므로 일반적인 기업이라면 당연히 조기종결을 원할 것 같으나, 의외로 조기종결을 원하지 않는 회사도 있다.

대표적인 회사가 부동산에 근저당이나 압류가 여러 건 있는 회사이다. 조기종결은 시시콜콜 간섭받고 허가받아야 하는 법원의 통제에서 자유로워져서 회생계획안 대로 1년에 한 번 또는 분기에 한 번 약정금액만 상환하면 된다고 생각할 수 있지만, 그동안 법정관리상태라는 이유로 권리행사를 못 하고 있던 저당권자(담보채권자) 또한 법원의 규제에서 풀려나 자유롭게 임의경매 등을 신청할 수 있게 된다는 의미이다.

동물원이 없어져 갇혀 있던 사슴이 자유롭게 풀려났는데 사자도 같이 풀려난 꼴이다.

물론 이미 채무조정이 이루어졌으므로 회생계획안 대로 이행만 한다면 문제가 없으나, 애초 회생계획안 자체가 채권자들의 원활한 동의를 받기 위해 조기에(인가 후 3년 내로) 공장을 매각해 채무 상당부분을 상환하고 뒤로 갈수록 상환금액이 적어지는 낙관적인 구조로 작성된 경우가 많다. 현금이 예상대로 안 들어온다면 당장 경매신청하려고 벼르고 있는 저당권자(담보채권자)의 독촉을 오롯이 대표이사가 받아내야 한다.

이로 인해 법원에서(주로 관리위원)는 회생신청기업 증가로 인해 업무량이 많아 어서 조기종결 하라고 독촉하는데, 관리인이 오히려 조기종결을 주저하는 경우가 생기는 것이다.

법리적으로는 법원이 직권으로 종결 가능하나, 실무상으로는 관리위원과 관리인이 협의한 후에 채권단과의 의견조율을 거쳐 관리인의 조기종결 신청에 따라 법원이 허가하는 형식을 갖추고 있다.

기업회생! 내가 좀 알려줘?

다.

채권자가 조기종결에
동의하지 않는 경우

회생기업의 협력업체나 해외 거래처 등이 회생절차를 이유로 신규거래를 주저하거나 기존 거래관계를 끊겠다고 하는 경우, 회생기업은 우선적으로 갚아야 하는 회생 담보권도 제대로 갚지 않은 상태에서 법원에 조기종결을 조르는 경우가 있다.

물론, 회생을 조기종결하면 영업이 좋아져 더 빨리 빚을 갚을 수도 있고, 사회적으로도 고용창출 효과가 있어 긍정적일 수도 있다는 점을 법원은 높이 산다. 하지만, 법원의 속성이 억울한 사람이 없이 업무처리하기를 바라기 때문에, 관리위원은 회생계획을 미이행 상태에서의 조기종결 추진 시 모든 채권자들의 동의를 얻어오라고 관리인에게 요청한다.

이때, 변제 순서에서 한참 밀리는 회생채권자(무담보)들에게는 동의해 주면 먼저 일부를 갚겠다는 당근을 제시해 비교적 쉽게 동의를 받을 수 있다.

하지만, 담보채권자들은 입장이 다를 수 있다. 일단, 보통의 담보권자들은 은행 등 대규모 금융회사인 경우가 많다. 내부 감사나 규정에 의해 회생계획안을 제대로 이행 안 하거나, 계획안에 따른 변제순서를 무시하고 후순위권자인 회생채권자에게 일부 변제한다는 것 때문에 조기종결에 동의한다는 문서 자체를 결재 올릴 수 없는 경우가 많다.

따라서 회생계획안을 제대로 이행 안 한 상태에서 조기종결을 추진하기 위해서는 무엇보다도 **담보채권자**와의 관계를 원만하게 하고, 조기종결을 통해 더 빨리 채무를 상환할 수 있다는 설득을 하는 것이 중요하다. 법원도 담보채권자가 동의하는 사항에 대해서는 대체적으로 긍정적으로 반응하는 편이다.

기업회생! 내가 좀 알려줘?

라.

법원(관리위원)이 조기종결을
내켜하지 않는 경우

    파산법원에서 근무하는 상근관리위원은 통상 3년 임기의 전문임기제공무원(나급)이다. 보통 연봉은 5천만 원 수준에, 3급 부이사관급의 대우를 받는 것으로 알려져 있다. 임기는 채용 당시 3년이나, 판사와의 업무협조능력 등에 따라 3연임하여 9년까지 근무하는 경우도 있다. 대부분, 은행 등 금융회사에서 60세 정년퇴직하고 관리인 등을 거쳐 관리위원을 역임하는 경우가 많기 때문에, 노후에 70세까지 대우받으며 전문가 대접을 받으며 일할 수 있는 관리위원이라는 일자리는 일반 금융권 퇴직자 입장에서는 선망의 대상이라고도 할 수 있다.

    따라서 이분들은 임면권을 가지고 있는 파산법원 담당 판사의 의중을 따르는 게 가장 우선순위라고 할 수 있으며, 채무자 회생법 및 관리위원 직무편람(서울회생법원 홈페이지 참조) 등에 따라 본인의 업무스타일에 맞게 관리인 등 회생기업을 관리한다. 기업회생 업무의 중요한 판단은 모두 판사가 하고, 회생실패에 대한 책임은 모두 관리인과 회생기업이 지는 구조이기 때문에, 관리위원은 상대적으로 책임부담 적게 일할 수 있는 위치이다.

이러한 전·후 사정을 고려할 때, 관리위원이 어떤 시각으로 회생기업을 바라볼까를 예상하는 능력이 성공적으로 회생하는 데 중요할 수도 있다.

실무상, 서울·경기·창원 등 관할구역 내 회생절차 신청기업이 상대적으로 많은 법원은 관리위원이 업무부담 등으로 인해 법에 따라 조속히, 심지어는 인가결정 후 수개월 내에 조기종결을 결정하는 경향이 매우 강하다[46]. 즉, 상대적으로 채무기업 입장에서 일

---

[46] 서울회생법원은 기본적으로 향후 채무자가 회생계획을 수행하는 데 지장이 있다고 인정되지 않은 때에는 관리위원회, 채권자협의회 및 이해관계인의 의견을 들어 특별한 사정이 없는 한 조기종결을 원칙으로 하고 있다. 기본적 기준은 1) 채무자의 총자산이 총부채를 안정적으로 초과하고 있는 경우 2) 제3자가 채무자를 인수하였거나, 채무자의 매출실적이나 영업실적이 양호하여 회생계획 수행에 필요한 자금조달이 가능한 경우 3) 담보물이 처분되지 아니하였더라도 회생절차를 계속하는 것이 담보물 처분에 유리할 것으로 판단되지 않는 경우 4) 회생절차를 종결하면 채무자의 영업이나 매출이 개선될 것으로 예상되는 등 회생계획 수행가능성이 높아지는 경우 등이다.

을 하는 곳이라 할 수 있으므로, 신속히 채무조정 후 정상화 되기를 원하는 기업은 채무자 회생법을 잘 읽고 가능한 이쪽 법원에 회생신청을 하는 것이 유리하다.

반대로, 회생가능성도 적고 그러할 의지도 없으나 본전 생각에 당장 파산하기는 싫은 회사 대표들도 있다. 마땅히 업종전환도 쉽지 않으나 빚 독촉에 시달리기 싫고, 어느 정도 제도적 지원하에 생명연장을 위해 법원의 관리 속에 오래 있기를 원하는 기업(의외로 상당히 많다)들은 다른 지역을 선택하는 경우도 있다.

즉, 동일한 회생비용과 노고를 들여 회생절차를 진행할 거면, 가능한 관리위원의 업무 스타일과 업무량 등 다양한 변수들을 고려해 자신의 처지에 맞게 선택해야 바람직한 방향으로 걸어갈 수 있을 것 같다.

채무자 회생법

제17조(관리위원회의 업무 및 권한)

① 관리위원회는 법원의 지휘를 받아 다음 각 호의 업무를 행한다.

1. 관리인 · 보전관리인 · 조사위원 · 간이조사위원 · 파산관재인 · 회생위원 및 국제도산관리인의 선임에 대한 의견의 제시
2. 관리인 · 보전관리인 · 조사위원 · 간이조사위원 · 파산관재인 및 회생위원의 업무수행의 적정성에 관한 감독 및 평가
3. 회생계획안 · 변제계획안에 대한 심사
4. 채권자협의회의 구성과 채권자에 대한 정보의 제공
5. 이 법의 규정에 의한 절차의 진행상황에 대한 평가
6. 관계인집회 및 채권자집회와 관련된 업무
7. 그 밖에 대법원규칙 또는 법원이 정하는 업무

② 관리위원회는 제1항 각 호의 업무를 효율적으로 수행하기 위하여 관리위원에게 업무의 일부를 위임할 수 있다.

PART 9

채무조정
하기

가.

회생절차의 폐지

　회생절차 진행 중 확정된 회생계획안대로 변제 이행을 하지 않을 경우, 상황에 따라 회생폐지가 될 수도 있다. 회생폐지의 판단은 최종적으로 법원이 하게 되며, 통상 관리인, 채무자, 채권자 등 이해관계인의 신청에 따라 법원이 검토를 진행한다.

회생절차 폐지관련 채무자 회생법 조항

제287조(신청에 의한 폐지)

① 채무자가 목록에 기재되어 있거나 신고한 회생채권자와 회생담보권자에 대한 채무를 완제할 수 있음이 명백하게 된 때에는 법원은 다음 각 호의 어느 하나에 해당하는 자의 신청에 의하여 회생절차폐지의 결정을 하여야 한다.

1. 관리인

2. 채무자

3. 목록에 기재되어 있거나 신고한 회생채권자 또는 회생담보권자

② 신청인은 제1항의 규정에 의한 회생절차폐지의 원인인 사실을 소명하여야
한다.

③ 제1항의 규정에 의한 신청이 있는 때에는 법원은 채무자, 관리위원회, 채권
자협의회 및 목록에 기재되어 있거나 신고한 회생채권자와 회생담보권자에
대하여 그 뜻과 의견이 있으면 법원에 제출할 것을 통지하고, 이해관계인이
열람할 수 있도록 신청에 관한 서류를 법원에 비치하여야 한다.

제288조(회생계획인가 후의 폐지)

① 회생계획인가의 결정이 있은 후 회생계획을 수행할 수 없는 것이 명백하게
된 때에는 법원은 관리인이나 목록에 기재되어 있거나 신고한 회생채권자
또는 회생담보권자의 신청에 의하거나 직권으로 회생절차폐지의 결정을 하
여야 한다.

② 법원은 제1항의 규정에 의한 결정을 하기 전에 기일을 열어 관리위원회 · 채
권자협의회 및 이해관계인의 의견을 들을 수 있다. 다만, 기일을 열지 아니
하는 때에는 법원은 기한을 정하여 관리위원회 · 채권자협의회 및 이해관계
인에게 의견을 제출할 기회를 부여하여야 한다.

우리가 3장에서 살펴봤듯이 회생을 신청한 기업 중 정상기업이
될 확률은 20%를 밑돈다(10년 누계). 즉 회생을 신청한 기업 10개 중
8개 기업은 회생에 실패한다는 뜻이다. 이는 회생계획안이 실현하

기업회생! 내가 좀 알려줘?

기 힘들다는 뜻도 되지만 애시당초 회생이 불가능한 기업들이 많이 신청했다는 해석도 가능하다. 따라서 대부분의 회생기업은 회생계획 인가 후 1~2년 내로 다시 채무불이행 상태에 빠진다.

이러할 경우 대안은 1) 회생절차 폐지(파산), 2) 회생계획안 변경(난이도 높음), 3) 담보채권자와 채무조정 협상 등이다.

나.
회생계획안 변경

회생계획안 이행이 계획대로 진행할 수 없게 되는 경우를 상정하여 회생법에서는 다음과 같이 회생계획안 변경절차를 두고 있다. 하지만, 수많은 채권자들과의 이해관계 조절 등 절차상의 문제로 법원에서는 쉽게 변경절차 착수를 허용하지 않는다. 실무상으로는 관리위원과의 면담에서 대부분 동의받지 못하고 차선책으로 담보채권자와 채무조정 또는 담보매각유예 등의 대안을 진행하는 경우가 많다.

회생계획 변경관련 채무자 회생법 조항

제282조(회생계획의 변경)

① 회생계획인가의 결정이 있은 후 부득이한 사유로 회생계획에 정한 사항을 변경할 필요가 생긴 때에는 회생절차가 종결되기 전에 한하여 법원은 관리인, 채무자 또는 목록에 기재되어 있거나 신고한 회생채권자 · 회생담보권자 · 주주 · 지분권자의 신청에 의하여 회생계획을 변경할 수 있다.

② 제1항의 규정에 의하여 회생채권자 · 회생담보권자 · 주주 · 지분권자에게 불리한 영향을 미칠 것으로 인정되는 회생계획의 변경신청이 있는 때에는 회생계획안의 제출이 있는 경우의 절차에 관한 규정을 준용한다. 다만, 이 경우에는 회생계획의 변경으로 인하여 불리한 영향을 받지 아니하는 권리자를 절차에 참가시키지 아니할 수 있다.

③ 제246조 및 제247조의 규정은 회생계획변경의 결정이 있는 경우에 관하여 준용한다.

④ 다음 각 호의 어느 하나에 해당하는 경우 종전의 회생계획에 동의한 자는 변경회생계획안에 동의한 것으로 본다.

　1. 변경회생계획안에 관하여 결의를 하기 위한 관계인집회에 출석하지 아니한 경우
　2. 변경회생계획안에 대한 서면결의절차에서 회신하지 아니한 경우

다.

채무조정

통상 법원은 다른 채권자의 권리를 침해하지 않는다면, 기존 회생 계획안상 변제계획을 변경하여 상환유예 또는 분할상환 등으로 완화하는 내용의 개별 채권자의 채무조정을 큰 이견 없이 허가한다.

은행 등 금융회사를 비롯, 대부분의 금융공기업(캠코, 중진공, 기보, 신보 등)들은 자체 규정상 채무조정 등의 프로그램을 제공하는 경우가 있다. 공기업의 채무조정 프로그램은 각 회사 홈페이지에 게시된 채무조정 관련 규정을 참고해 상담하면 된다.

캠코(한국자산관리공사)가 담보채권자인 경우, 공개된 자료인 규정(특별 채권 관리업무 규정 등)[47]을 활용해 업무 담당자와 채무조정 가능성을 협

---

47 한국자산관리공사 홈페이지 → 열린 경영 → 법무자료에 들어가면 공사의 모든 규정 및

의해 볼 수 있다.

당초 변제약정금액의 일부라도 갚은 경우, 기존 회생계획안 변제기간 이내에서 채무조정을 요청할 수 있다. 이때 채무조정은 원금의 감면이 아닌 매 기일별 분할상환금액의 조정이며, 조기종결 등의 사유로 회생절차가 종결된 기업은 최대 5년의 기간 내에서 채무조정이 가능할 수 있다.

캠코는 최근(22.12월 현재) 내부규정을 개정하여 채무의 상당액을 변제한 회생기업의 잔여채무를 감면하여 기업의 자활의지를 제고하는 '성실상환 채무기업에 대한 채무감면' 제도를 시행하고 있다. 이는 일정금액 이상 자진변제하고 채무관계자의 재산이 없는 경우에 잔여 주채무를 감면해주거나, 주채무 완제 시 보증채무를 감면하는 제도로 대상 폭이 넓다고 볼 수는 없다.

캠코 홈페이지
바로가기

세칙 등을 열람 및 다운로드 받을 수 있음

PART 10

회사
정리하기

가.

법인해산

　법인의 인격을 소멸시키는 원인이 되는 법률사실을 말한다. 자연인이 사망하듯이 법인도 해산을 통해서 그 인격이 소멸된다. 다만, 자연인이 사망하는 경우에는 상속과 같은 포괄적인 승계를 통해 기존의 법률관계가 그대로 이어지며, 남아 있는 사람들이 망인의 법률관계를 해소하는 역할을 하게 된다.

　하지만, 법인의 경우 스스로 모든 인격의 소멸과 이에 따른 채권채무 등 계약으로 맺어진 수많은 법률관계 해소를 해야 하는 데 이를 청산이라 한다. 이 청산절차가 파산절차에 의할 경우 '법인파산'으로 칭하며, 민·상법에 의할 경우 '법인청산'으로 칭한다. 따라서 법인해산이 곧 법인채무 소멸을 의미하지는 않는다.

법인은 정관이나 해산결의, 합병, 등록이나 인가취소, 또는 법원의 명령·판결로 해산한다. 만일 영업을 폐지(폐업신고) 후 해산 등기를 하지 않고 휴면상태에 있을 경우, 법원은 최후등기(대표이사 변경등기 등 제반 의무 등기사항) 후 5년이 지나면 해산한 것으로 의제하며, 이후 3년 경과하면, 즉 사실상 폐업 후 약 8년이 경과하면 청산이 종결된 것으로 보고 등기부는 폐쇄되어 강제 해산된다.

나.
법인청산

　'채무자 회생 및 파산에 관한 법률'에서 정의한 공적청산인 파산에 대비되는 사적청산, 통상 법인이 해산된 이후 청산사무를 처리하는 절차이다. 정관 및 상법에 의해 대표이사 등이 '청산인'이 되어 잔여재산을 처분해 채권자 등에게 변제한 후, 채권자들이 더 이상 받지 못하는 부분에 대해서는 배제 혹은 포기 등 합의를 통해 마무리 짓는 것이다. 만일 협의가 안 되면 법인청산은 법인을 소멸시킬 수 없고, 계속해서 채무 등 법률관계가 남아 있게 된다.

　청산인을 선임하는 방법에는 법원에 청산인 선임을 청구하거나, 자체적으로 선임하는 방법이 있는데, 자체적으로 선임하려면 청산인에 관한 정관이나 규정에 따라 선임하거나, 주주총회를 통해 선임하거나 법인해산 시 담당이사가 선임되기도 한다.

다.

법인파산

법인이 자신의 재산으로 모든 채무를 변제할 수 없는 경우, 법원에 법인파산을 신청하고, 법원에서 선임하는 파산관재인을 통해 법인의 재산과 부채를 정리하고, 재산이 있으면 현금화해서 채권자들에게 변재나 배당을 하고, 법인을 말소하고 잔존채무를 소멸시키는 '재판절차'이다. 즉 '재판을 통한 공적청산' 절차라 할 수 있다. 모든 잔존채무를 강제로 소멸시키는 유일한 절차이다.

법인파산제도의 주된 목적은, 모든 채권자가 법인의 재산으로 평등하게 채권을 변제받도록 보장함과 동시에, 회생이 불가능한 법인을 정리함으로써 채권자들에 대한 추가적인 손해발생을 막고, 법인에 소속된 대표자 등은 새로운 출발을 할 수 있도록 돕는 것이다.

기업회생! 내가 좀 알려줘?

신청가능한 사람은 채무자 법인의 이사, 무한책임사원, 청산인, 채권자 등이며, 파산신청서류(서울회생법원 홈페이지 〉 정보 〉 민원서식 양식모음)를 작성하여 관할법원의 파산과에 접수한다.

1) 파산신청 시 제출서류목록

- 파산신청서(양식 없음): 신청인의 상호, 주된 사무소, 대표자 성명, 신청의 취지, 신청의 원인, 채무자의 사업목적과 업무의 상황, 채무자의 발행주식 또는 출자지분의 총수, 자본금액과 자산, 부채 그 밖의 재산상태, 채무자의 재산에 관한 다른 절차 또는 처분으로서 신청인이 알고 있는 것, 채권자가 신청하는 경우 자신의 채권액과 원인, 사건의 표시, 부속서류의 표시, 작성연월일, 관할법원의 표시, 신청인 또는 대리인 기명날인
- 채권자목록(양식 없음): 성명, 주소, 전화, 팩스번호, 담당자, 채권액, 채권의 종류, 담보 유무, 집행권원 유무, 소송의 계속 유무
- 회사등기사항전부증명서
- 파산신청에 관한 이사회 회의록, 정관, 회사안내책자, 주주명부, 회사의 조직일람표

- 취업규칙, 퇴직금규정, 단체협약, 사원명부, 노조관련 서류
- 3개년 이상 결산보고서, 비교재무상태표, 비교손익계산서
- 청산 재무상태표, 청산재산목록, 부동산 및 동산목록, 등기사
  항전부증명서, 등록원부
- 외상매출금 일람표, 사채원부, 담보물건 및 피담보채권 일람표
- 계속 중인 가압류/가처분/경매/소송 관련 자료
- 자회사 및 관계회사의 법인등기사항전부증명서 및 결산보고서
- 위임장(대리인 접수 시), 인감증명서
- 인지액: 채무자 신청 시 1,000원, 채권자 신청 시 30,000원
- 송달료: 기본 204,000원 + (채권자수 × 5,100원 × 3)
- 파산절차 진행을 위한 예납금(예납명령이 있는 경우)

서울회생법원
파산신청 관련

기업회생! 내가 좀 알려줘?

2) 법인파산절차

파산신청

⇓

심문, 보정명령, 예납명령

⇓

파산선고

⇓

파산재단의 현금화

⇓

제1회 채권자집회 및 채권조사기일

⇓

재단채권 변제 · 파산채권 배당

⇓

계산보고를 위한 채권자 집회

라.

법인폐업

    사업자가 영업활동을 더 이상 하지 않는 것으로, 사업자등록증을 세무서에 반납하는 것을 의미한다. 채무정리와는 무관한 행정절차로, 법인파산이나 청산, 해산 등 법적 절차와는 별개이다.

    주식회사의 경우, 법인폐업만 하고 법인해산이나 파산절차를 통해 등기사항을 수정하지 않을 경우, 5년까지는 휴면법인 상태로 버틸 수 있으나, 5년 후에는 법원에서 공고 등을 거쳐 해산된 것으로 간주하게 된다. 만일 이후에도 3년 이상 방치하게 되면 법원의 직권으로 청산종결 간주등기를 통해 등기부가 폐쇄되어 법인격이 소멸[48]된다.

---

48   **상법 제520조의 2(휴면회사의 해산)**
    ① 법원행정처장이 최후의 등기 후 5년을 경과한 회사는 본점의 소재지를 관할하는 법원에 아직 영업을 폐지하지 아니하였다는 뜻의 신고를 할 것을 관보로서 공고한 경우에, 그 공고한 날에 이미 최후의 등기 후 5년을 경과한 회사로써 공고한 날로부터 2월 이내에 대통령령이 정하는

실무적으로 폐업을 하고 파산을 할 수 있으나, 가급적 법인파산 절차 말미에 폐업을 하는 것이 좋다. 파산절차상 환가 절차 시 세금계산서 발생 및 납부 등 세무관련 업무가 발생할 수 있기 때문에 통상 폐업은 파산 후 진행하는 것이 적절하다.

또한, 폐업 시 기한의 이익 상실사유로서 기존 금융권 대출금의 일시상환 요구가 동시에 쏟아질 수 있다. 이로 인해서 소상공인들 사이에 법인주소지를 집으로 옮기고 업종을 집에서도 가능한 통신판매업으로 정정신고(국세청 홈페이지에서 비대면으로 가능)하는 부정행위가 유행하기도 했다. 최근 P 기업의 경우 지속적인 적자로 사업이 어려워졌음에도 폐업이 아닌 사업종료 및 전 직원 정리해고를 단행함으로써, 폐업신고로 인한 수백억 원대의 면제받은 법인세 환입을 피하려 꼼수를 부렸다는 비난을 받은 바 있다.

바에 의하여 신고를 하지 아니한 때에는 그 회사는 그 신고기간이 만료된 때에 해산한 것으로 본다. 그러나 그 기간 내에 등기를 한 회사에 대하여는 그러하지 아니하다.

② 제1항의 공고가 있는 때에는 법원은 해당 회사에 대하여 그 공고가 있었다는 뜻의 통지를 발송하여야 한다.

③ 제1항의 규정에 의하여 해산한 것으로 본 회사는 그 후 3년 이내에는 제434조의 결의에 의하여 회사를 계속할 수 있다.

④ 제1항의 규정에 의하여 해산한 것으로 본 회사가 제3항의 규정에 의하여 회사를 계속하지 아니한 경우에는 그 회사는 그 3년이 경과한 때에 청산이 종결된 것으로 본다.

참고자료

- 채무자 회생 및 파산에 관한 법률

- 민법

- 상법

- 《한계기업의 재탄생》, 한국경제신문, 연합자산관리 지음

- 《사방이 막힐 때 열린 하늘을 보라》, 보민출판사, 하민

- 《기업회생 이론과 실무》, 삼일인포마인

- 《법인파산실무》, 서울회생법원

- 《실무준칙》, 서울회생법원

- 《관리위원 직무편람》, 서울회생법원

- 서울회생법원 홈페이지

- 기업구조혁신지원센터 온기업 홈페이지

- 중소기업 혁신바우처 플랫폼 홈페이지

- 신용보증기금 홈페이지

- 한국자산관리공사 홈페이지

- SGI서울보증 홈페이지

- 금융위원회 홈페이지

- 금융감독정보 금융감독원

- 《부실채권정리기금백서》, 금융위원회, 한국자산관리공사

- 두산백과

- 매일경제

- 《중소기업구조조정》, 첨단금융출판사, 김규진, 신충태, 박상우 지음

기업회생!
내가 좀
알려줘?

초판 1쇄 발행 2023. 1. 23.

지은이 박경순
펴낸이 김병호
펴낸곳 주식회사 바른북스

편집진행 김재영
디자인 최유리

등록 2019년 4월 3일 제2019-000040호
주소 서울시 성동구 연무장5길 9-16, 301호 (성수동2가, 블루스톤타워)
대표전화 070-7857-9719 | **경영지원** 02-3409-9719 | **팩스** 070-7610-9820

•바른북스는 여러분의 다양한 아이디어와 원고 투고를 설레는 마음으로 기다리고 있습니다.

이메일 barunbooks21@naver.com | **원고투고** barunbooks21@naver.com
홈페이지 www.barunbooks.com | **공식 블로그** blog.naver.com/barunbooks7
공식 포스트 post.naver.com/barunbooks7 | **페이스북** facebook.com/barunbooks7

ⓒ 박경순, 2023
ISBN 979-11-6545-991-8 03320